KB059386

나는 주말마다 10억 버는 비즈니스를 한다

MILLION DOLLAR WEEKEND:
The Surprisingly Simple Way to Launch a 7-Figure Business
in 48 Hours
by Noah Kagan with Tahl Raz
Originally Published by Portfolio / Penguin,
an imprint of Penguin Random House LLC, New York.

나는 주말마다 10억 버는 비즈니스를 한다

따라 하면 누구나
사업 천재가 되는
연쇄 창업가의 주말 사용법

노아 케이건 지음
장진영 옮김

비즈니스북스

옮긴이 | **장진영**

경북대학교 영어영문학과 경영학을 복수전공했으며 서울외국어대학원대학교 통번역대학원 한영번역과를 졸업했다. 다년간 기업 웹사이트 영문화 등의 작업을 했으며 현재 번역 에이전시 엔터스코리아에서 출판 기획 및 전문 번역가로 활동하고 있다. 주요 역서로는 《2040 위대한 격차의 시작》, 《권력을 경영하는 7가지 원칙》, 《클라우드 머니》, 《불황을 이기는 안전한 투자 전략》, 《나를 단단하게 만드는 심리학》, 《노이즈: 생각의 잡음》, 《돈의 탄생 돈의 현재 돈의 미래》, 《AI가 알려주는 비즈니스 전략》, 《목표를 성공으로 이끄는 법》 등이 있다.

나는 주말마다 10억 버는 비즈니스를 한다

1판 1쇄 발행 2024년 6월 25일
1판 3쇄 발행 2024년 7월 9일

지은이 | 노아 케이건
옮긴이 | 장진영
발행인 | 홍영태
편집인 | 김미란
발행처 | (주)비즈니스북스
등 록 | 제2000-000225호(2000년 2월 28일)
주 소 | 03991 서울시 마포구 월드컵북로6길 3 이노베이스빌딩 7층
전 화 | (02)338-9449
팩 스 | (02)338-6543
대표메일 | bb@businessbooks.co.kr
홈페이지 | http://www.businessbooks.co.kr
블로그 | http://blog.naver.com/biz_books
페이스북 | thebizbooks
ISBN 979-11-6254-378-8   03320

도전을 멈추지 않는 당신에게 이 책을 바친다.

삼시세끼 밥 먹듯 대는 핑계들

이 책을 펼친 그대여, 축하한다. 이 책을 완독하는 바로 그 주말, 100만 달러짜리 사업의 아이디어를 얻게 될 것이기 때문이다. 아마도 당신은 아직 사업할 준비가 안 되어 있다고 생각할 것이다. 하지만 장담컨대 당신은 이미 준비되어 있다.

사실 돈 되는 사업을 하는 사람은 우리와 똑같은 지극히 평범한 사람이다. 놀랍게도 사업을 하는 데는 돈이 많을 필요도, 뛰어날 필요도, 경험이 많을 필요도 없다. 그런데도 우리는 자신을 과거에 얽어맨 채 이런저런 핑계를 댄다. 사업을 시작할 수 없는 이유를 대라면 분명 당신도 수십 가지를 줄줄 읊어댈 것이다. 다음은 그중 가장 흔한 핑계 열 가지다.

1. "괜찮은 사업 아이디어가 없어."

누구에게나 해결하고픈 문제가 있다. 당신의 가족도, 친구도, 이 세상 모든 사람이 각자의 문제를 안고 있다. 당신도 마찬가지다. 100만 달러짜리 사업 아이디어를 떠올리려면 이것만 알면 된다. 제3장의 '고객 우선 접근법' Customer First Approach 을 익혀라. 그러고 나면 무엇부터 시작할지 난감할 정도로 많은 사업 아이디어가 떠오를 것이다.

2. "사업 아이디어가 너무 많아."

아이디어가 너무 많아 고민이라면 가장 재미있게 일할 수 있는 아이디어 세 가지만 골라라. 제4장에서는 시장 조사와 '1분 사업 모델' One-Minute Business Model 을 이용해서 성공할 가능성이 가장 큰 사업 아이디어 세 가지를 결정하는 법을 배울 것이다.

3. "직장을 관둬야 한다는 게 불안해."

관심도 없는 문제를 해결하려고 좋아하지도 않는 사람들과 싫어하는 일을 하면서 평생을 보내는 게 더 위험하다. 하지만 사업을 시작하겠다고 직장을 나오진 마라. 이른 아침, 퇴근 후 저녁 그리고 주말에 제5장에서 소개하는 '100만 달러짜리 주말' Million Dollar Weekend 을 실천해보자. 아이디어를 검증하고 사업을 시작한 뒤 최소한 한 달 생활비 정도를 벌게 되면 그 즉시 회사에 사표를 던지고 나와도 좋다. 그러니까 사업을 시작해서 먹고살 걱정 없을 정도의 돈, 이른바 '자유수' Freedom Number 를 달성하면 직장을 때려치워라. 내겐 이런 경험이 두 번이나 있다.

4. "사업은 그럭저럭 되는데 처음만큼 흥미롭진 않아."

어이쿠! 아마 한때는 간절히 시작하고 싶었던 사업이었을 것이다. 그런데 무슨 일이든 시작하지 못하는 것과 끝내지 못하는 것은 비슷한 두려움에서 기인한다(제1장에서 이 부분을 자세히 다룰 것이다). 지금의 사업을 포기하고 싶을 때 그 반발심을 뚫고 나아가도록 도와줄 '100의 법칙'Law of 100을 이 책에서 배우도록 하라.

5. "그런데 사업을 어떻게 확장하지?"

이 질문이 머릿속에 떠오르는 순간 사업을 시작하지도 못하고 첫 번째 고객마저 놓칠 것이다. 단순하고 쉽게 생각하자. 사업을 어떻게 확장할지 고민하지 말고 지금은 시작하는 일에만 집중해야 한다. 사업을 확장하는 방법에 대해서는 제6장부터 자세히 살펴볼 것이다.

6. "사업을 할 시간이 부족해."

사업할 때 자동으로 굴러가게 만들 수 있는 업무는 없는지 고민해보자. 아니면 사업과 관련된 일부 업무를 문서화하고 사람을 채용해서 그 문서에 따라 해당 업무를 처리하게 해보자. 제9장에서 소개하겠지만 나는 나만의 생산성 시스템을 만들어 내 삶에 집중하면서도 사업 목표를 달성할 수 있도록 했다. 그 덕분에 매일 운동하고 틈틈이 여행도 다니면서 사업과 유튜브, 블로그 활동으로 수천만 달러를 벌고 있다. 사업이 최우선이라면 시간은 충분히 만들 수 있다.

7. "완벽하게 준비해야만 사업을 시작할 수 있어."

그 누구도 100퍼센트 준비된 상태에서 사업을 시작하지 않는다. 일단 시작하는 게 중요하다. 완벽하게 준비하겠다며 책을 한 권 더 사서 읽거나 영상을 한 편 더 보겠다는 생각은 하지 않는 게 좋다. 이제 끝도 없는 준비 과정은 모두 건너뛰도록 하자. 지금은 행동할 때다!

8. "사업에 돈을 왕창 썼는데 번 돈은 땡전 한 푼 없어."

첫 수익이 나기 전까지 땡전 한 푼도 쓰지 마라. 100만 달러짜리 주말을 보내면 수익이 나기 전부터 돈을 쓰지 않아도 된다.

9. "난 마케팅에 젬병이야."

시장이 원하는 제품만 있으면 마케팅은 쉽다. 제3장에서는 사람들이 기꺼이 돈을 주고 산 제품이나 서비스를 찾는 방법을 단계별로 살펴볼 것이다. 그리고 제6~8장에서는 어떻게 6개월 만에 민트Mint가 이용자 100만 명을 끌어들이고, 타이디캘Tidy-Cal이 유료 고객 1만 명을 확보했는지 그 비결을 소개할 것이다.

10. "최신 기술을 도입하려면 전문가가 필요해."

그렇지 않다. 먼저 돈부터 벌어야 한다. 고객이 원하는 것은 새로운 소프트웨어가 아니라 자기 문제를 해결해줄 해결책이다. 바로 여기에 집중하라. 복잡한 컴퓨터 코드 없이도 저렴하게 사업의 잠재력을 입증할 방법은 얼마든지 있다.

여기서 시작하자

나는 100만 달러짜리 사업을 여덟 개 하고 있다(지금까지 내가 시작한 사업이 킥플립Kickflip, 갬빗Gambit, 킹스모KingSumo, 센드폭스SendFox, 스모Sumo, 타이디캘, 먼슬리1K Monthly1K, 앱스모AppSumo 까지 총 여덟 개다). 나는 다른 사람들도 방법만 알면 나처럼 사업을 시작할 수 있다는 것을 '증명'하고 싶었다.

나는 다른 사람들과 내 경험을 공유하면서, 그동안 내가 사업을 시작해온 과정에는 몇 가지 공통된 핵심 단계가 있다는 것을 알게 됐다. 공통으로 나타나는 핵심 단계는 다음과 같은 세 가지였고, 나는 이 3단계를 '100만 달러짜리 주말'이라고 부른다.

1. 사람들이 안고 있는 문제에서 내가 해결할 수 있는 문제를 찾는다.
2. 간단한 시장 조사로 100만 달러를 벌 수 있음이 검증된, 그 누구도 거부할 수 없는 해결책을 구상한다.
3. 본격적으로 제품이나 서비스를 생산하기에 앞서 사전 판매를 통해 성공할 가능성이 있는 아이디어인지 아닌지 확인하기 전까지는 돈을 쓰지 않는다.

나는 내가 옳다는 걸 알았다. 왜냐하면 일찍부터 내 소개로 100만 달러짜리 주말을 보낸 모든 사람이 결국은 부업을 하거나 사업을 해서 돈을 벌었기 때문이다.

부동산에 관심이 있었던 마이클 오스본Michael Osborn은 부동산 컨설팅 사업을 시작했고 매달 8만 3,000달러를 벌었다. 제니퍼 존스Jennifer Jones는 부업으로 쿠키 사업을 시작했고 연간 2만 달러를 벌었다(그러니 나는 그녀에게 초콜릿 칩 쿠키를 얻어먹을 자격이 있다!). 다니엘 라이펜베르거Daniel Reifenberger는 애플 스토어에서 일하다 사람들에게 기술 튜터링을 해주고 연간 25만 달러를 벌었다.

마이클, 제니퍼, 다니엘은 지극히 평범한 사람들이다. 이들처럼 사업을 시작하지 못하고 망설이던 기업가 지망생들이 당시 내 소셜미디어 피드에만 무려 1,000명에 이르렀다. 나는 이해할 수 없었다. 사업에 필요한 정보는 모두 공짜로 얻을 수 있고 100만 달러짜리 주말은 확실한 효과를 보장한다. 내가 알려준 방법을 착실하게 따르기만 하면 누구나 사업을 시작할 수 있다. 그런데 왜 그렇게 많은 사람이 돈 되는 사업을 시작도 못 하고 전전긍긍하는 걸까?

나는 이 궁금증을 해결하기로 마음먹었다. '월매출 1,000달러를 올리는 사업을 시작하는 법'(이하 '먼슬리1K')이란 주제로 강의를 시작한 것이다. 프로그래머, 조교사, 평범한 직장인 셋 이렇게 다섯 명이 내 첫 수강생이 되었다. 이들은 일종의 베타테스터(컴퓨터 업체에서 자사 제품을 판매하기 전에 제품에 결함이 있는지를 검사하는 사람―옮긴이)로서 사업 시작에 필요한 모든 것을 충분히 갖춘 사람들이었다.

그러나 강의를 시작하고 2주일 후, 단 한 명도 진척이 없었고 나는 꽤 충격을 받았다. 무슨 일인지 파악하기 위해 그들을 불러 기업가정신 함양을 위한 그룹 테라피를 시도했다. 우리는 사업을 선뜻 시작하지 못하는 원인을 함께 분석했다. 그들의 문제는 기술이나 의욕, 지적 능력이 부족한 게 아니었다. 다음 두 가지 두려움 때문에 그들은 사업을 시작조차 못 하고 있었던 거였다.

1. 시작하는 두려움

우리는 주변에서 하는 말들, 즉 사업에는 큰 위험이 따른다는 말을 듣고 그게 사실이라고 믿어버린다. 그래서 실패할지도 모른다는 불안감을 극복하려고 더 준비하고 더 많은 조언을 구한다. 하지만 그럴수록 아무것도 시작하지 못한 채 의구심과 두려움은 커져만 간다. 알아야 하는 것을 배우고, 되고 싶은 것이 되는 최고의 방법은 일단 시작하는 것이다. 오랜 시간에 걸쳐 작은 실험을 반복해야 일과 삶을 완전히 바꿀 수 있다.

2. 요구하는 두려움

일단 시작하고 나면 거절당할지도 모른다는 두려움이 엄습한다. 뛰어난 기술, 대단한 제품 등 사업이 성공할 만한 모든 것을 갖췄다고 해도 퇴짜 맞을까 봐 겁이 난다. 그러나 원하는 것을 상대방에게 요구할 수 없는 사람은 그 무엇도 팔 수 없다. 사람들에게 제품이나 서비스를 팔거나 무언가 도움을 주고자 한다면 자신이 원하는 바를 그들에게 요구할 수 있어야 한다. 거절은 불쾌한 경험이 아니라 바람직한 경험이라고 생각을 바꿔라. 그러면 다른 사람에게 무언가를 요구하는 행위가 전처럼 거북하지 않고 자연스러워질 것이다.

사람들의 두려움을 알고 나서부터 나는 더 많은 사람이 장애물들을 넘어 사업을 시작할 수 있도록 도왔다. 당신이 나와 함께 이 책을 끝까지 읽는다면 위의 두 가지 두려움을 극복하고 100만 달러를 벌어다줄 사업을 시작할 수 있도록 돕겠다.

지금부터 이 책을 읽으면서 그리고 이 책을 읽고 난 뒤에 하는 모든 일이 하나의 실험이라고 생각하자. 이렇게 생각하는 것만으로도, '사업을 시작하는 것'을 기겁할 정도로 무서워했던 사람들은 엄청난 변화를 경험한다. 실험은 실패하기 마련이다. 실패한다면 무엇이 잘못됐는지를 파악하고 다음번에는 조금 다른 방법을 시도하면 된다.

지난 몇 년 동안 내가 만난 대단한 기업가와 성공한 사람들에게는 한 가지 공통점이 있었다. 바로 닥치는 대로 엄청나게 많은 것을 시도해봤다는 것이다. 온라인 강좌도 개설했고, 사비로 책도 출판했고, 컨설팅 사업도 해봤고, 에어비앤비도 해봤고, 제휴 마케팅도 도전했고, 유튜브 채널도 운영했고, 대학생 데이트 웹사이트도 만들어봤다. 그리고 모두가 대부분의 도전에서 실패를 맛봤다!

그렇다면 이렇게 서로 관련 없어 보이는 실패들과 마침내 이뤄낸 성공은 어떤 관계가 있을까? 그들이 성공한 건 그들의 전문성 덕분이 아니었다. 바로 작은 실험을 반복해서 하는 그들의 의지 덕분이었다.

그들이 마침내 성공한 것은 남들보다 더 많이 무언가를 시도하면서 얻어낸 부산물이다. 이게 전부다. 나는 이것을 '창조자의 용기'Creator's Courage 라고 부른다. 모든 사람은 창조자의 용기를 갖고 태어난다. 이 책은 살면서 그 용기를 잃어버린 사람이 다시금 아이디어를 찾아내고(시작하기) 실행에 옮기는(요구하기) 능력, 즉 창조자의 용기를 되찾을 수 있도록 도울 것이다.

어린 시절을 돌이켜보자. 처음엔 무섭다고 생각한 것이 일단 해보고 나니 별것 아니었던 경험이 있지 않았는가? 태어나서 처음 자전거를 탔던 날을 기억하는가? 물속에서 숨을 참고 있었던 경험이 있는가? 처음 높은 나무에 올라갔을 때는 어땠는가? 태어나서 처음 걸었을 때는? 숱한 시행착오가 지금 당장은 불편하게 다가올 수 있다. 하지만 어렸을 때 진흙탕에 뛰어들어서 손을 더럽히길 두려워하지 않을 때 가장 빨리 뭔가를 배웠던 것 같다(그리고 이때가 가장 즐겁기도 했다!).

일단 뛰어들면 된다. 제일 용감한 창조자는 두려워도 남들보다 더 빨리, 더 많이 뛰어든다. 그리고 숱한 시도로부터 마침내 성공적으로 무언가를 창조한다. 모든 대기업의 시작을 살펴보면 남들보다 빨리 미지의 영역에 뛰어들어 아주 작은 실험을 반복했다는 것을 알 수 있다.

애플: 휴대할 수 있는 컴퓨터를 만들려고 했던 두 명의 사나이로 부터 시작됐다.

페이스북: 대학생들이 즐겨 하던 '핫 오어 낫' Hot or Not 이라는 인기 투표와 유사한 서비스를 장난삼아 만든 웹사이트로 시작했다.

테슬라: 전기 자동차를 생산하도록 자동차 회사들을 설득하기 위해 제작한 시제품으로 시작했다.

구글: 연구 프로젝트로 시작했다.

에어비앤비: 콘퍼런스 동안 누군가의 거실에서 하룻밤 보낼 장소 를 제공해주는 주말 서비스로 출발했다.

칸 아카데미: 살만 칸 Salman Khan 이 사촌 동생들을 위해 제작한 10분짜리 강의 영상으로 시작했다.

앱스모: 내가 좋아하는 소프트웨어를 거래하는 방법에서 출발 했다.

대부분의 사람들은 스스로 전화를 걸어 요구해보는 일을 하지 않는다. 이것이 실행하는 사람과 꿈만 꾸는 사람의 차이다. 행동하라. 그리고 실패하라.

_스티브 잡스

사업을 한다는 건 계속해서 새로운 걸 시도하는 것이다. 새로운 것을 만들어 사람들에게 돈을 주고 사겠느냐고 물어보고, 사람들의 피드백을 바탕으로 다른 새로운 것을 시도하는 것이다. 이게 바로 사업이다. 시작하거나 요구하기가 두렵다면 실험은 할 수 없다. 실험을 할 수 없으면 사업도 할 수 없다.

이는 의지력이나 자제력의 문제가 아니다. 그 누구도 사업을 시작하라고 잔소리하거나 호통치거나 위협하지 않을 것이다. 그래서 나는 '재미'라는 요소가 사업을 시작하는 데 중요하다고 생각한다. 사람들은 재미를 위해 온갖 무시무시한 짓을 다 한다. 기업가정신도 마찬가지다. 기업가정신을 발휘해 사업을 시작하는 게 재미있다면 시작하는 두려움과 요구하는 두려움은 쉬이 극복될 것이다.

그러니 한번 재미있게 놀아보자! 사업은 자신에 관해 배울 좋은 기회다. 그리고 아이디어로 자기 문제도 해결하고 다른 사람들도 도울 멋진 기회다. 금상첨화로 그 과정에서 돈도 벌 수 있다. 사업을 이런 식으로 바라보면 상상의 나래를 펴고, 자신에게 관대해지고, 내가 제안하고자 하는 재미있는 실험에 거부감 없이 참여할 수 있을 것이다. 나와 함께하면 최근 몇 년을 통틀어 가장 재미있고 생산적인 주말을 보낼 것이다. 그저 주말을 재밌게 보내자는 소린데 뭘 망설이는가? 겁먹고 꽁무니를 뺄 이유가 없다!

내게 사업을 배운 수천 명이 시간을 주말로 한정하는 것이 효과적임을 보여줬다. 주말로 시간이 한정되어 있다 보니 그 시간에 창의력을 최대한 발휘할 수밖에 없고 오직 중요한 일에만 집중해야 했기 때문이다.

그들은 제약이 생기면 훨씬 많은 일을 해낼 수 있음을 보여줬다. 그들이 사업에 집중할 수 있는 시간은 고작 48시간뿐이었다.

　각 장에는 이들 기업가 지망생이 심리적으로 편안함을 느끼는 환경에서 벗어나 원하는 목표를 달성하는 데 도움이 됐던 챌린지들이 포함되어 있다. 이 책을 따라 차근차근 과제를 해결해나가다 보면 두려움을 극복하고 자신만의 사업을 시작해서 마침내 100만 달러짜리 사업으로 성장시킬 수 있을 것이다. 그러면 100만 달러를 벌어다줄 이 책의 구성을 대략적으로 살펴보자.

PART 1. 시작하라

사나흘 동안 첫 파트를 읽다 보면 어느새 주말이 성큼 다가와 있을 것이다. 이 파트를 구성하는 각 장은 당신의 '창조자의 용기'에 불을 붙이고 주말에 당장 사업을 시작할 만반의 준비를 갖추게 해준다.

　제1장에서는 '어떻게 할지를 고민하지 말고 지금 행동하기'Now, Not How에 대해 살펴보고 직접 실천해볼 것이다. 그런 다음에 각자 자신의 '자유수'를 계산해볼 것이다. 이렇게 하면 사업이 진척되고 있는지를 확실히 확인할 수 있다.

　제2장에서는 '요구 근력'Ask Muscle을 키우기 위해 '거절 목표치'Rejection Goal에 관해 살펴볼 것이다. 여기서는 인생을 바꿀 만한 '커피 챌린지'Coffee Challenge에 도전한다. 이 도전으로 자신이 얼마나 용감한지를 깨

닫고, 원하는 걸 요구하는 연습을 하면서 100만 달러짜리 사업을 키워낼 힘이 생길 것이다.

PART 2. 만들어라

그대의 100만 달러짜리 주말이 드디어 시작된다! 여기선 100만 달러짜리 주말이 무엇인지 하나씩 살펴보면서 자신만의 100만 달러짜리 사업을 설계하고 확인하고 시작해볼 것이다.

제3장, 제4장, 제5장에서는 무일푼으로 시작해서 1달러의 매출을 올리고 처음으로 고객 세 명을 확보하는 도전을 한다(이 장들을 요일에 비유하자면 각각 금요일, 토요일, 일요일에 해당한다고 할 수 있다). 이에 앞서 먼저 돈이 되는 사업 아이디어를 생각하고 그중에서 100만 달러를 벌 수 있는 아이디어를 선택한 다음, 48시간 동안 첫 유료 고객을 확보하는 테크닉을 익힌다.

나는 당신이 일을 빨리 처리하고 아이디어를 사업화해서 첫 고객을 확보하는 데 초집중하길 바란다. 지금까지 돈을 내고 제품이나 서비스를 살 진짜 고객을 단 한 명도 확보하지 못했는가? 잘됐다! 그 실패가 결국에는 승리로 이어질 것이니 미리 축하한다(이런 실패에는 시간과 돈이 거의 들지 않는다). 실패했다면 재빨리 다음 아이디어로 넘어가서 사업성을 확인한다. 기억하라. 주말만 있으면 이 모든 일을 할 수 있다!

PART 3. 키워라

1달러를 처음 벌어다준 아이디어가 결국 1,000달러도 벌어다줄 것이다. 그다음에는 10만 달러를, 그다음에는 100만 달러를 벌어다줄 것이다. 이렇게 하려면 흔히 말하는 '성장 시스템'부터 만들어야 한다. 오늘날 1인 기업가에게 필요한 가장 효과적인 성장 도구는 콘텐츠를 생성하고 청중을 확보하고 이메일로 마케팅하는 시스템이다. 제6장과 제7장에서는 직접 이 시스템을 구축해볼 것이다.

각 장의 핵심은 도전이며 이는 사업에 보탬이 될 자산을 제공한다. 제8장에서는 '실험 기반 마케팅 접근법'Experiment-Based Marketing Approach[1]을 익힐 것이다. 나는 이 방법으로 민트 사용자를 단 6개월 만에 0명에서 100만 명으로 키웠다. 이 방법은 민트에 너무나 효과적이었다. 나는 지금 실험 기반 마케팅 접근법을 모든 새로운 제품과 서비스 그리고 회사에 적용하고 있다.

제9장에서는 개인 사업에서 개인 발전으로 시선을 돌린다. 이제 당신은 기업가이므로 자신의 생산성과 교육 그리고 자신의 성장과 시간에 책임져야 한다. 무엇보다 개인의 행복도를 최대로 높이도록 하루를 계획하고 지금까지와는 다른 접근법과 시스템을 활용해야 한다(개인의 행복도를 높이는 게 중요하지 않으면 지금까지 노력한 게 무슨 소용인가?). 그래서 마지막 장에서는 사업뿐만 아니라 자신의 삶을 꾸려나가는 것에 관해 살펴볼 것이다.

챌린지 01

'100만 달러짜리 주말' 계약을 체결하라

이 책을 읽고 성공한 사람들은 모두 한 가지를 끝까지 했다. 그들은 충실하고 정확하게 이 책이 시키는 대로 했다. 지금 이 책을 읽는 당신도 성공하기를 바란다. 이 책에서 소개한 과정을 충실히 따르면 분명 그렇게 될 것이다. 이제 그대가 꿈꿔오던 삶을 창조할 시간이다. 이 계약이 미래를 기대하게 만들고 어려운 순간에 앞으로 나아갈 동기를 제공할 것이다.

나와의 계약

나, _____ 은(는) 꿈을 향해 충실히 나아가고 그 여정에서 재미를 찾으며, 두려움을 이기고 이 책에 나오는 모든 챌린지를 해낼 것이다.

내가 이 책을 읽고 얻을 꿈같은 성과는 다음과 같다.

_____

_____

_____

서명: _____

일자: _____

MILLION DOLLAR WEEKEND

차례

PART 1 | 시작하라 Start it
당신 안의 창조자를 재발견하라

PART 2 | 만들어라 Build it
'100만 달러짜리 주말'을 보내는 법

PART 3 | 키워라 Grow it
자는 동안에도 돈이 들어온다

PART 1

시작하라

start it

• 당신 안의 창조자를 재발견하라 •

진실에 이르는 길에는 오직 두 가지 실수만 있을 뿐이다. 하나는 끝까지 가지 않는 것이요, 다른 하나는 시작조차 하지 않는 것이다.[1]

_붓다

제1장

군말 말고 일단 시작

· · ·

준비만 하다 힘 빠지기 전에 시작부터 하자

"노아, 오늘이 마지막 날이에요."

2006년 6월의 그날은 여느 때와 전혀 다를 것 없는 평범한 날이었다. 언제나처럼 나는 페이스북 직원 사택에서 동료들과 함께 하루를 시작했다. 마크 저커버그가 세운 바로 그 꿈의 나라 말이다.

그날 아침 나는 팰로앨토에 있는 회사까지 차를 몰고 출근했다. 그리고 내 자리에 앉아 개발에 참여했던 상태 업데이트에 추가된 새로운 기능을 살짝 손보고 있었다. 갑자기 나를 고용한 남자가 내게 와서 "이봐요, 길 건너 커피숍으로 가서 잠깐 이야기 좀 하죠."라고 했다. 참고로 그는 지금 5억 달러가 넘는 몸값을 자랑한다.

그땐 내가 페이스북에 서른 번째 직원으로 일한 지 9개월 8일하고 도 대략 두 시간이 지났을 때였다. 나는 겨우 스물네 살이었고, 지금까지 어울렸던 사람 중에서 가장 똑똑한 이들과 함께 일하고 있었다. 그리고 그중에서 제일 똑똑한 남자가 무리를 이끌었다. 모두 아이비리그 출신에 명석한 두뇌를 자랑하는 수재였으며, 코딩 프로그래머이자 비범한 기업가였다. 우리는 스스로 이 세상에서 가장 중요하고 영향력 있다고 믿는 일을 하고 있었다. 나는 페이스북 지분의 0.1퍼센트를 받았고 2022년에는 그 가치가 약 10억 달러가 될 것이었다. 이 회사는 내겐 천국이나 다름없었다.

인생은 순식간에 바뀐다. 방금까지 최고의 삶을 살던 나는 단 몇 초 만에 깊은 수치심과 당혹감에 휩싸였다. 맷 콜러Matt Cohler는 나를 '골칫거리'라고 했다(그는 페이스북과 링크드인에서 일했으며 현재 벤처캐피털 회사인 벤치마크Benchmark의 GPGeneral Partner다). 그 후부터 악몽을 꿀 때면 이 말이 메아리처럼 울려 퍼졌다.

나는 동료들과 코첼라에서 파티를 즐기며, 페이스북이 대학생 타깃을 넘어 보다 다양한 고객에게 서비스를 확장 제공할 계획임을 어느 저명한 테크 전문 저널리스트에게 슬쩍 흘려버렸다. 일종의 자기 홍보를 하고 있었던 셈이다. 나는 페이스북에서 맡은 역할과 경험을 이용해 사무실에서 스타트업 모임을 열었고, 내 개인 블로그에 글을 올리기도 했다. 그런데 페이스북이 구멍가게에서 거대 기업으로 성장하면서 스타트업에서 빛났던 내 재능들은 한낱 골칫거리로 전락해버렸다.

"이곳에 남고 싶은데 제가 뭘 하면 될까요? 뭐든지 할게요."

나는 간청했다. 맷은 고개를 흔들었다. 고작 20분 만에 모든 것이 끝났다.

페이스북을 나온 뒤 8개월 동안 친구 집에 얹혀살면서 나는 해고된 충격에 꺼이꺼이 울었다. 그러면서 도대체 무슨 일이 있었던 것인지 지난 일들을 낱낱이 분석했다. 사실 그건 아주 중요했다. 페이스북에서 해고되기 전의 삶과 그 후의 삶이 완전히 달라졌기 때문이다.

나는 페이스북에 채용된 순간부터 이런 일이 일어나리라고 예상했다. 그곳에서 나는 세상을 바꾸는 데만 관심이 있는 컴퓨터 괴짜들 사이에서 일했다. 페이스북에서 내가 누구이고 무엇을 할 수 있는지 알 수 없었고 그저 불안했다. 나는 그들과 같은 부류가 아니었다. 씁쓸하지만 일찍이 고등학교 때부터 이 사실을 인정하고 받아들인 나였다.

나는 캘리포니아주의 새너제이에서 성장했다. 아버지는 이스라엘 이민자였고 영어를 할 줄 몰랐다. 정확하게 말하면 영어가 그리 유창하지 못했다. 아버지는 복사기를 팔았고 나는 그 일을 물려받기 싫었다. 복사기는 무거웠다. 그걸 나르면 온몸이 땀으로 흠뻑 젖곤 했다. 어머니는 병원에서 간호사로 야간 근무를 했는데 그 일을 싫어했다. 나 역시 간호사가 되고 싶지 않았다.

내가 미국에서 상위 100위권에 속한 명문 린브룩 고등학교에 들어가게 된 것은 순전히 운이 좋아서였다. 실리콘밸리 엘리트들의 자녀들이 수두룩한 그곳에서 나는 평범한 학생이었다. 절친인 마티는 차근차근 경력을 쌓아 구글에서 선임 개발자로 일했고, 또 다른 절친인 보리스는 리프트Lyft에 들어갔다. 고등학교 동창생 중에는 징가Zynga에 수백만 달러를 받고 회사를 판 녀석들도 있었다. 학교에서 이런 애들과 어울려 지내다 보니 내 눈도 자연스럽게 높아져만 갔다.

하지만 그들과 함께 학교에 다녔다고 해서 내가 그들과 같은 부류인 것은 아니었다. 나는 대학에 정문이 아닌 옆문으로 들어갔다. 사회교육원이라 불리는, 학교가 예비 합격자들을 위해 봄 학기에 개설하는 과정에 등록한 것이다. 그해의 신입생 중에 중퇴자가 생겨야 이 과정에 등록한 학생들이 정식으로 입학할 기회를 얻었다.

설상가상으로 나는 미국에서 태어난 미국인이었지만 신입생일 때 ESL 수업을 들어야 했다(미국인이 영어가 제2언어인 사람을 위해 마련된 수업을 들어야 했다!). 이게 다 영어 SAT 점수가 너무 나빴기 때문에 일어난 일이다. 솔직히 말해서 버클리에 어떻게 들어갔는지 나도 모르겠다.

그렇게 나는 처음부터 성공적으로 경력을 시작할 기회를 얻었고 심지어 거의 성공할 뻔했다. 대학 2학년 때는 마이크로소프트에서 인턴십을 했다. 일반적으로 마이크로소프트에서 인턴십을 한 사람은 마이크로소프트에 정식으로 채용된다. 그런데 나는 면접을 엉망으로 봐서 정식 직원으로 채용되지 못했다. 그러고 나서 구글 프리IPO에서 제의를 받았지만 구글은 내가 긴 나눗셈을 못한다는 이유로 일자리 제의를 철회했다. 빌어먹을 긴 나눗셈!

그리고 말했다시피 마크 저커버그가 나를 해고했다. 이 시기에 나는 나 자신이 성공할 가치가 없는 존재라고 느꼈다. 나는 성공할 만큼 뛰어나지 않았다. 게임에서 졌고 주변 모든 사람이 나보다 잘난 것 같았다. 지금도 가끔씩 이런 자괴감 때문에 괴롭다.

그래도 내게 뭔가가 있다는 건 알았다. 일종의 어떤 불꽃 혹은 불꽃을 만들 능력 말이다. 하지만 그 재능은 거칠고 엉망이어서 기술이라고 부를 수 없는 상태였다. 나는 좋은 기회를 찾아내 선택하는 데 기막힌 재주가 있었지만 그 기회를 오롯이 내 것으로 만드는 데는 계속 실패했다.

페이스북에서 해고된 뒤 종일 소파에 누워 수치심에 짓눌린 채로 이리저리 몸을 뒤척였다. 앞으로 이보다 더 끔찍한 일이 일어날 거라곤 상상조차 할 수 없었다. 그러나 3개월 뒤에 더 끔찍한 일이 일어났다(생각하기도 싫다!). 쪼그라들었던 자신감이 결국 바닥을 친 것이다. 문득 그들이 옳을지도 모른다는 생각이 들었다. 그들은 내가 쓸모없고 무능하고 열등하다고 했다. 그들은 다름 아닌 내 머릿속 목소리였다.

이런 말을 해도 될지 모르겠지만 이 시기에 할 수 있는 최선은 깨달음을 얻는 것이었다. 나는 기업가정신을 발휘해 사업을 시작할 방법을 찾아냈고 그 과정에서 얻은 경험을 사람들과 공유했다. 그리하여 더는 아무것도 숨기지 않게 되었다. 나는 모두에게 나의 '실패'에 대해 이야기했다. 그리고 몇 년 뒤 이것이 나의 명함이 됐다. 사람들은 나를 '페이스북에서 잘린 남자!'라고 부르며 좋아했다. 남들이 나를 어떻게 생각할지 몰라서 느꼈던 두려움은 지나치게 과장된 것이었다.

마음속 깊은 곳에서 해방감을 느꼈다. 물론 해고되거나 수십억 달러를 잃는 실패로부터 자유로워진 것은 아니었다. 하지만 스스로 무언가를 시작하는 두려움으로부터 벗어났다. 다시 말해서 나는 자유롭게 도전하고 실험하면서 내 길을 스스로 찾을 수 있게 된 것이다. 묵묵히 나의 길을 걸어가겠다는 불씨가 내 엉덩이 아래에서 지펴졌다.

실험하는 사람이 승리한다

그렇게 다시 시작했다. 그로부터 몇 년간 내게 주어지는 모든 비즈니스 기회에 도전했다. 나는 닥치는 대로 사업에 도전했다. 그러면서 보란 듯이 성공해서 자존감을 회복하고 저커버그에게 날 해고한 것은 실수였음을 보여주는 헛된 망상에 잠기곤 했다.

나는 어렸고 어리석었고 무모했지만 그래서 뭐든 빨리 배웠다. 음악, 큐! 처음엔 온라인 스포츠 베팅 사업을 시작했다. 하지만 곧 내가 스포츠를 싫어한다는 것을 깨달았다. 그 후엔 남아프리카와 동남아시아로 훌쩍 여행을 떠났다. 끊임없이 새로운 부업을 시도했고 웹사이트 아이디어를 생각했으며 모험을 시도했다.

- 한국의 제주도에서 학생들에게 온라인 마케팅을 가르쳤다.
- 스캔R ScanR 과 스피드데이트 SpeedDate 같은 스타트업을 컨설팅했다.
- 벤처 투자회사와 스타트업이 서로 대결하는 피구 토너먼트 시리즈를 만들었다.
- 오케이도크 OkDork 라는 블로그를 만들어 글을 올렸고, 새롭게 형성된 인터넷 통화 시장에 진입하기 위해 프리콜즈투닷컴 Freecallsto.com 을 시작했다.
- 개인 CRM 웹사이트인 피플리마인더닷컴 peoplereminder.com 을 시작했다.

- 27세 미만의 기업가를 위한 웹사이트 Entrepreneur27.org를 만들어 각종 포럼을 열고 소규모 이벤트도 진행했다.
- 커뮤니티넥스트CommunityNext 라는 콘퍼런스 사업을 시작했고 키스 라부아Keith Rabois, 맥스 레브친Max Levchin, 데이비드 색스David Sacks, 팀 페리스Tim Ferriss 처럼 혜성같이 등장한 사업가들을 모아 이벤트를 열었다. 이건 내가 돈을 안 받고 예전부터 해오던 일이었다. 하지만 이 모임을 사업으로 만든 뒤에는 한 번 열 때마다 5만 달러를 벌었다.

이 시기에 '100만 달러짜리 주말'의 뼈대가 잡히기 시작했다. 즉 사업을 시작할 뿐만 아니라 자유와 기업가정신으로 성취감까지 느끼는 삶을 창조하는 시기였다. 매일 새로운 실험을 했고 그 과정에서 새로운 교훈을 얻었다. 오직 가능성만이 줄 수 있는 격렬한 기쁨을 위해 살았다.

이런 생활은 친구가 내게 그다지 유명하지 않은 한 기업이 개발하고 있는 제품을 보여줬을 때까지 이어졌다. 나중에 그 기업은 마이 민트My Mint 라고 불렸는데, 창립자였던 에런 패처Aaron Patzer 는 개인금융관리 도구를 개발해 프로토타입을 제작했다. 나는 그 프로토타입에 마음을 완전히 빼앗겼다. 당시 오케이도크에 개인 금융에 관한 글을 올리고 있었던 나는 이 서비스가 크게 성공하리라는 것을 간파했다.

나는 흥분해서 에런에게 마케팅 담당자가 되고 싶다고 말했다. 하지만 그는 문제가 하나 있다고 했다. 바로 내가 마케팅 경험이 전혀 없다는 것이었다. 나는 개의치 않고 항상 해오던 대로 했다. 무작정 마케팅을 시작한 것이다. 마케팅 경험은 없었지만 에런의 웹사이트가 공개되기도 전에 가입자 10만 명을 끌어들이는 마케팅 계획을 수립했다. 그 계획에 따르면 6개월 뒤에 웹사이트 가입자 수는 100만 명으로 증가할 것이었다. 이 마케팅 계획으로 나는 회사 지분 1퍼센트와 연봉 10만 달러의 정규직 자리를 제안받았다.

제품이 좋으면 마케팅은 쉽다. 민트 제품은 너무나 좋았고 서비스를 시작한 지 2년도 안 되어 인튜이트Intuit가 1억 7,000만 달러에 인수했다. 그러나 나는 170만 달러를 받지 못했다. 그 망할 놈의 수학 때문에, 민트가 인튜이트에 인수되기 전 퇴사해버렸기 때문이다.

나는 민트가 최대 2억 달러에 팔릴 것이라고 생각했다. 그렇다면 내가 받게 될 1퍼센트 지분을 현금으로 환산하면 200만 달러가 되고, 이게 내가 받을 수 있는 최대 액수라고 계산했다. 문제는 그 지분을 받는

● 민트닷컴의 초기 홈페이지

데 4년이 걸린다는 것이었다. 내가 그 시간 동안 그 정도의 돈을 벌 수 있을지 생각해봤다. 1퍼센트 지분을 받기만을 기다리며 4년 동안 중간관리자로 일하는 것보다 내 사업을 하면서 돈, 기쁨과 통찰력을 더 많이 얻을 수 있을까?

나는 그럴 수 있다고 믿었다.

민트에서 일하면서 나는 사업을 시작하는 나만의 공식을 만들어냈다. 그래서 민트를 나와 사업을 하면 성공할 수 있을 것이라고 믿었다. 내가 만든 '사업을 시작하는 공식'은 이 책을 통해서 차차 설명하겠다. 나는 아침, 점심, 저녁 그리고 주말에 자투리 시간을 활용해서 사업을 준비했고 이때 킥플립을 만들었다. 킥플립은 페이스북 전용 앱을 개발하는 회사였다. 이후 킥플립은 소셜 게임의 결제 시스템을 개발한 갬빗으로 진화했다.

2년이 채 되지 않는 시간에 갬빗은 1,500만 달러가 넘는 이익을 냈다. 나중에 그 가치가 곤두박질치지만 말이다. 이 책에 계속해서 등장하는 그 사내 덕분이었다. (마크 저커버그, 고맙소!) 내 베팅은 옳았다. '100만 달러짜리 주말'로 진화한 원칙들을 이용해 나는 모든 문제를 기회로 여겼고 해결책을 찾고자 실험을 시작했으며 제품을 팔기 위해서라면 주저 없이 요구해댔다.

그러면서 기업가로 잘살려면 지나친 생각은 그만두고 바쁘게 움직여야 한다는 것을 깨닫기 시작했다. 작게 그리고 빨리 시작해야 했다. 그리고 미지의 것에 대한 두려움을 버려야 했다. 나는 말 그대로 '도약 전문가'가 됐다.

새로운 것을 시작하길 두려워하지 않는다는 건 대부분 사람과 달리 개인 생활과 직장 생활에서 꾸준히 크고 작은 실험을 한다는 의미다. 나는 새로운 산업과 취미에 끊임없이 도전했다. 새로운 역할을 받아들이고 새로운 사람들을 만나고 새로운 부업을 시작했다. 그리고 결과적으로 나 자신에게서 초인적인 힘을 발견했다. 바로 여기서 한 가지 교훈을 알게 되었다. 시작하는 사람, 실험하는 사람, 배우는 사람이 되어라.

(꿀팁) 똑똑해야 하고 성공해야 하고 부자가 되어야만 행복해질 수 있다거나 가치 있는 사람이 될 수 있다고 생각하지 마라. 최종 결과에 지나치게 집중하면 크게 실패할 수 있다. 나보다 더 똑똑하거나 더 성공하거나 더 부유한 사람은 언제나 존재하기 때문이다. 그리고 자신의 부족함을 발견할 때마다 동기가 크게 사그라들 것이다. 매일 하는 일을 기준으로 자신을 정의하면 다른 사람과 비교하여 자신을 측정하는 것보다 더 빠르고 즐겁게 원하는 목표에 도달할 것이다.

모든 실험은 그대의 삶을 바꿀 수 있는 놀라운 잠재력을 품고 있다. 그 잠재력을 발견하려면 먼저 시작해야 한다.

챌린지 02

1달러 챌린지

지인에게 당신의 사업에 1달러를 투자해달라고 부탁하자. 겨우 1달러다! 이것이 그대의 불꽃이다. 지인에게 1달러를 투자해달라고 말하면 그 순간 시작과 단순함의 힘을 깨달을 것이다. 시작과 요구를 반복하라. 이 단순하지만 효과적인 실험으로 수천 명의 삶이 바뀌는 것을 나는 목격했다.

1달러를 투자받으면 그들에게 진행 상황을 수시로 이야기해주어라. 그렇게 하면 그들은 사업이 어떻게 시작되고 성장하는지 가까이서 지켜볼 것이다. 그리고 사업의 약점과 단점까지 알게 되면서 당신의 개인 이사가 되어줄 것이다. 물론 1달러는 큰돈이 아니다. 하지만 가족, 친구, 동료에게 가서 대뜸 당신 사업에 1달러를 투자해줄 수 있냐고 묻는 것만으로도 심장이 요동칠 만큼 놀라운 경험을 할 수 있다.

다음은 지인에게 1달러를 투자해줄 수 있는지 물을 때 내가 사용했던 가장 효과적인 대본이다.

'안녕, ○○○! 지난주에 《나는 주말마다 10억 버는 비즈니스를 한다》란 책을 읽었어. 그 책에 아는 사람들에게서 1달러를 받으라고 쓰여 있었어. 그걸 읽고 내 머릿속에 제일 먼저 떠오른 사람이 너야. 그만큼 너의 지지는 내게 큰 의미라는 거지. 지금 나한테 1달러를 보내줄 수 있어?'

이 때문에 지인과의 관계가 멀어질까 봐 걱정될지도 모른다. 좋다! 그 두려움을 느끼면서 실천하라. 친애하는 사상가 랄프 왈도 에머슨 Ralph Waldo Emerson 은 "두려운 것을 하라. 죽을 것 같은 두려움만큼 확실한 것은 없다."라고 했다.[2]

매일 사람들이 내 강의를 듣고 지인에게서 받은 1달러를 들고서 자랑스럽게 사진을 찍어 올린다. 이것은 사업을 하고 싶다면서 방관자처럼 다른 사람이 사업을 시작하는 것을 멍하니 지켜만 보던 사람에겐 판을 완전히 뒤집는 상징적인 행위다. 당신이 그런 방관자라면 내게 1달러를 달라고 요구해보라. 내 벤모/캐시앱 계정 '@noahkagan'이나 'paypal@okdork.com'으로 메시지를 보내보라. 내가 선뜻 1달러를 빌려줄지도 모르니. 혹은 SNS에 나 '@noahkagan'을 태그하고 '#thedollarchallenge' 해시태그와 함께 게시물을 올려라. 내가 당신이 올린 글을 리포스트할 수도 있다.

● 1달러 챌린지에 도전한 사람들

이제 당신 차례다!

고민하는 대신 행동하게 하는 마법

지금 시작하고 자신의 초인적 능력을 시험하자. 그런데 정말로 이렇게 하면 초인적인 힘이 발휘될까? 온갖 능력 있는 사람들로 가득한 실리콘밸리에는 적당이란 게 없다. 실리콘밸리에선 모두가 파타고니아 재킷을 입고 한 손으로 코딩 작업을 하는 천재다. 설마 이 말 같지도 않은 헛소리를 정말로 믿는 건 아닌지? 나는 실리콘밸리에 있으면서 뛰어난 코딩 기술을 익히거나 천재 사업가라 불릴 만한 일을 해내진 못했다. 하지만 다음 두 가지는 할 수 있게 됐다.

- 너무 많이 생각하지 않고 무엇이든 일단 시작할 수 있다.
- 어마어마하게 많은 타코를 먹을 수 있다.

실리콘밸리에서 배운 게 겨우 이거라니! 이 천재들의 도시에서 아주 긴 시간을 보내며 얻은 능력이 겨우 이거라니, 너무나 불공평한 것 같았다. 하지만 나이가 들고 몇 번의 성공을 경험하자, 온갖 배경과 출신의 사람들이 내가 했던 일들을 자기도 하고 싶다며 조언을 구하러 오기 시작했다.

물론 그들은 무엇을 어떻게 시작해야 하는지 조언을 얻으려고 오진 않았다. 적어도 의도적으로 그러진 않았다. 나를 찾는 이들은 자기만의 사업을 시작하고 싶다거나, 지금 하는 일이 너무 싫다거나, 자유로워지고 싶다거나, 덫에 걸린 기분이라는 따위의 이야기를 했다. 그런데 그들은 하나같이 똑같은 문제를 안고 있었다. 그들은 '아무것도 시작하지 않고' 하소연만 했다.

지금에서야 나는 그들의 문제가 무엇인지를 정확하게 이해한다. 그리고 '어떻게 할지 고민하지 말고 지금 당장 한다'라는 생각을 습관으로 만들면 삶이 완전히 변할 수 있다는 것을 안다. 왜 이것 하나로 삶이 바뀌는 걸까? 사업을 하고 싶은 사람들은 대체로 사업을 시작하기 전에 더 많이 배워야 한다는 생각부터 한다. 그들은 책을 읽고, 관련 강의를 듣고, 유용한 조언을 구한 다음 모든 여건을 꼼꼼하게 살피고 나서야 행동에 옮긴다.

어쨌든 일류 MBA 프로그램은 수도 없이 많고 10달러만 내면 유데미Udemy(온라인 강의를 수강할 수 있는 교육 플랫폼의 하나— 편집자)에서 원하는 강의를 들을 수 있다. 유튜브에서 공짜로 좋은 정보를 얻을 수도 있고 어떻게 사업을 시작해야 하는지 알려주는 책도 많다. 원한다면 얼마든지 배우고 싶은 걸 배울 수 있는 세상이다. 그러니 사업을 시작하기 전에 배울 수 있는 걸 모두 배우는 게 훨씬 안전하고 실패할 확률을 줄일 것이다, 그렇지 않은가?

아니다. 그렇지 않다. 많이 생각하고 고민하는 것은 사업뿐만 아니라 무언가를 시작하는 현명한 방법처럼 여겨지지만 실은 아주 비효율적이다. 크게 성공한 사람들은 이와 정반대로 행동한다. 즉 그들은 일단 행동부터 한다. 그러고 나서 피드백을 받고 교훈을 얻는다. 이것이야말로 그 어떤 책이나 강연보다 100만 배 더 값진 교훈이다. 심지어 이렇게 하면 더 빨리 성공할 수도 있다!

- 대부분 사람: 먼저 많이 생각하고 고민한 뒤에 행동한다.
- 성공한 기업가: 먼저 행동하고 나중에 고민한다.

행동하기 전에 하는 분석은 그저 추측에 지나지 않는다. 무엇이든지 직접 하기 전에는 제대로 이해하는 게 불가능하다. 무언가를 하고자 할 때 확신이 들 때까지 계획을 철저하게 세우려고 애쓰지 말고 일단 그게 무엇이든 시작하자.

그렇다면 '무언가를 하는 방법을 고민하기보다 일단 시작하는 습관'을 기르려면 어떻게 해야 할까? 일단은 '고민하지 말고 지금 당장 하자'를 좌우명으로 삼아라.

> **꿀팁** 무언가를 하고 싶은데 당장 행동하지 못하겠고 어떻게 할지가 고민된다면 '지금' 행동하고 '어떻게'는 고민하지 말자고 스스로 되뇌어라. 이렇게 일단 시작하고 나면 빠르게 가속도가 붙어서 다음부터는 더 쉬워지고 자연스러워질 것이다.

매일 매 순간 나는 나 자신과 주변 사람들이 '고민하지 말고 지금 당장 하자'라는 좌우명에 따라 살도록 채찍질했다. 무언가를 해내고 싶을 때면 그 일을 해내는 나를 상상하고 곧바로 행동하고, 주변 사람들도 그렇게 하도록 도왔다.

최근에 한 광고회사가 우리 앱스모를 새로운 페이스북 광고에서 소개했다. 나는 '고민하지 말고 지금 당장 행동하자'라고 생각하면서 비밀 번호를 설정하거나 그 광고회사를 우리의 페이스북 계정에 친구로 등록하거나 새로운 연락처를 만드는 등 앞으로 해야 할 일을 간략하게 정리해서 이메일로 보내주겠다는 무시무시한 약속을 했다. 그러고선 곧바로 "아니, 아니. 나중으로 미루지 말고 지금 당장 해치우자."라고 팀원들에게 말했다. 우리가 이메일에 적힌 업무를 처리하는 데는 5분이 걸렸고 그 덕분에 24시간을 절약할 수 있었다.

이쯤에서 내면의 협상가가 등장해 '물론 그것도 좋은 이야기야. 하지만 좀 더 고민할 시간이 필요해'라고 당신의 귀에 속삭일 것이다. 지금 당장 그 속삭임을 멈춰라! 모든 일에서 '어떻게 할지 고민하지 말고 일단 행동하자'라는 생각을 자동으로 떠올리고 실천할 때 비로소 성공할 힘이 나온다. 그러니 자신과의 협상은 여기서 멈춰라. 우리는 그저 '행동가'일 뿐이다. 이제는 자신에게 '어떻게 할지 고민하지 말고 일단 해보자'라고 말하라.

행동하길 두려워 마라. 그저 이력서를 채우기 위한 삶을 사는 것을 두려워하라. 단언컨대 새로운 것을 시작하고 두려움을 마주하는 것이 삶을 더 멋지게 만들어줄 것이다. 어쩌면 당신은 기업가정신이란 기막힌 사업 아이디어로 대단한 회사를 만들어내는 것이라고 생각했을지 모른다. 물론 그렇다. 하지만 기업가정신은 당신의 삶을 쇄신하고 재창조하는 과정이기도 하다.

챌린지 03

어떻게 할지 고민하지 말고 바로 행동하라

존경하는 사람에게 사업 아이디어를 물어보자. 이는 사업 아이디어를 얻는 매우 빠른 방법이다. 이렇게 얻은 사업 아이디어로 직접 사업을 해보면 '지금' 시작하는 것이 얼마나 강력한 힘을 발휘하는지 깨달을 것이다. 어떻게 할지 고민하지 말고 즉각적으로 행동하다 보면 과감하게 도전한 자신이 자랑스러울 뿐만 아니라 그랬을 때 꿈꾸던 삶에 더 빨리 도달한다는 사실을 알게 된다.

지금부터 내가 공유하는 대본대로 하면 고민하지 않고 일단 행동하려 할 때 회의적인 내면의 목소리를 외면하는 데 도움이 될 것이다. 이 대본을 읽는 데는 2분도 채 안 걸린다. 하지만 그 2분이 오래 생각하지 않고 바로 행동할 첫 번째 불꽃을 틔울 것이다. 그리고 곧 두 번째, 세 번째 불꽃도 틔우면서 행동하기가 더 쉽고 자연스러워질 것이다.

다음의 내용을 이메일, 아니 문자 메시지로 작성해서 친구 한 명에게 보내보자. 고민하지 말고 '지금' 하자!

'안녕! ○○아, 지금 난 사업을 구상하고 있어. 넌 날 잘 알잖아. 네가 생각하기에 나는 어떤 사업을 잘할 수 있을 것 같아?'

단언컨대 새로운 것을
시작하고 두려움을
마주하는 것이
삶을 더 멋지게 만들어줄 것이다.

'자유수'가 당신을 자유롭게 할 것이다

목표를 설정하고 이를 달성하는 것은 사업 초반에 동기를 부여하는 아주 효과적인 방식이다.

지금까지 나는 이 세상을 바꾸겠다거나 대단한 백만장자가 되겠다는 꿈을 품은 적이 단 한 번도 없었다. 듣기만 해도 입이 쩍 벌어지고 손에 땀을 쥐는 거대하고 대담한 목표를 세운 적도 없다. 나는 그저 자유를 꿈꿨다. 그렇다. 꿈을 실현하려면 먼저 '자유수'를 선택해야 한다.

열여덟 살부터 서른 살이 될 때까지 나의 자유수는 월 3,000달러였다. 왜 3,000달러였을까? 한 달 집세, 내가 좋아하는 타코와 스테이크를 먹고 와인을 마실 비용, 아르헨티나나 한국, 태국에 일하러 가는 데 드는 항공료를 모두 합치면 한 달에 3,000달러가 조금 안 됐다. 즉 이 돈은 당시의 내 한 달 생활비였다. 구체적으로 정리하면 집세 1,000달러, 식비와 교통비 1,000달러, 저축과 투자 1,000달러가 내 한 달 생활비이자 내게 자유를 주는 자유수였다.

구분	금액
주거비	1,000달러
식비와 교통비	1,000달러
저축과 투자	1,000달러
합계(자유수)	3,000달러

한 달에 3,000달러만 있으면 하기 싫은 일은 안 하고 어디에서든 사랑하는 사람들과 오랫동안 일할 수 있다고 생각했다. 한 달에 3,000달러만 있으면 나는 자유를 만끽할 수 있었다. 오랫동안 이 자유수 개념을 그 누구에게도 말하지 않았다. 실은 이것이 돈을 적게 벌면서 괜찮다고 자신을 위로하는, 이상하고 멍청한 속임수라고 생각했기 때문이다. 그러다 몇 년이 흘러 어느 성공한 기업가와 대화하던 중에 이 숫자를 처음으로 언급했다. 그러자 그는 "오, 맙소사! 말도 안 돼. 내 자유수는 1,500달러였어!"라고 무심결에 말했다.

알고 봤더니 많은 기업가들도 한때 나처럼 이런 속임수를 사용했다고 한다. 자유수가 100달러처럼 낮은 사람은 근사한 식사를 하거나 성취감을 느끼려고 부수입을 원했다. 반면에 자유를 얻는 대가로 지불할 비용이 위자료나 주택담보대출금인 사람의 자유수는 더 높았다. 놀랍게도 자유수는 우리 모두에게 단순하고 명확한 목표를 달성하려는 이유와 방법을 알려준다.

그런데 이 보잘것없는 속임수, 구체적으로 말하면 '월간 반복 수익'을 설정하는 것이 왜 그토록 효과적인 걸까?

첫째, 자유수에는 가능성이 있다. 당시에는 몰랐지만 자유수의 개념은 연쇄 기업가가 새로운 사업을 시작할 동기를 얻는 요인들과 꼭꼭 들어맞았다. 내 자유수는 100퍼센트 달성할 수 있는 숫자였고 내가 이 숫자에 부여한 가치는 무한했다. 나는 이 숫자에 무려 '자유'라는 가치를 부여했다! 그렇게 월간 반복 수익이란 숫자와 자유라는 가치가 결합되어 반드시 자유수를 달성하겠다는 어마어마한 동기부여가 됐다. 자유수는 내게 항상 자신감을 줬고 불확실한 시기에 흔들리지 않는 닻이 돼 주었다.

둘째, 자유수에는 구체성과 시급성이 있다. 3,000달러는 '마흔에 순자산 2,000만 달러를 벌 거야'처럼 내일로 미룰 수 있는 꿈이 아니다. 자유수는 오늘 당장 착수해서 매달 달성할 수 있는 목표치다. 금상첨화인 건 자유수를 아주 낮게 잡을 수 있다는 점이다. 가령 '지금은 직장을 계속 다니고 싶어. 하지만 독자적으로 매달 500달러를 벌고 싶어'라고 생각할 수 있다. 이렇게 낮게 잡아도 얼마든지 괜찮다. 내 부업은 소소했지만 나중에 직장을 가벼운 마음으로 떠날 수 있는 근력을 키우는 매우 중요한 연습이었다.

마지막으로, 나는 목표에 매우 구체적인 수치를 붙였다. 그 덕분에 사업에서 중요한 문제에 집중할 수 있었고 이것이 고객을 끌어들였다. 사업을 시작한 많은 사람이 첫 매출로 1달러를 버는 데 상당히 애를 먹는다. 첫 매출로 100만 달러를 버는 데 지나치게 집중하기 때문이다. 그러나 달성할 수 있는 자유수에 집중하면 사고방식이 변한다. 그 자유수가 푼돈에 지나지 않아도 좋다. 아니, 오히려 더 좋다. 그러면 이번 주, 오늘, 아니 지금 당장 그 돈을 벌려면 무엇을 해야 할지 고민하게 된다.

사업을 하는 데 거창한 목표는 필요 없을지도 모른다(물론 그런 목표가 있다면 멋진 일이다!). 하지만 그 무엇에도 전념하지 않으면 모든 것이 당신의 주의를 흐트러뜨릴 것이다. 자유수가 있으면 산만하거나 복잡한 상황에서도 집중할 수 있다. 자유수는 사업이란 것이 생각보다 단순하다는 사실을 일깨워준다.

챌린지 04

자유수 계산하기

단기 월수입부터 설정하자. 이때 설정한 목표치가 당신의 자유수다. 목표치를 너무 높게 잡아서 시작하기도 전에 겁먹는 일은 없도록 해야 한다. 노트나 이 책에 그 자유수를 적어보자.

나의 자유수는 _____ **이다.**

제1장은 '성공한 사람은 일단 시작한다'라는 한 문장으로 요약될 수 있다. 단언컨대 지금의 당신, 지금 당신이 가진 것, 지금 당신이 알고 있는 것만으로도 충분히 무언가를 시작할 수 있다.

제2장

요구에는 무한한 힘이 있다

· · ·

세상에서 거절을 가장 많이 당해보자

그날 오후 아버지와 열 번째 동네 상점에 들어섰을 때, 나는 몸이 잔뜩 움츠러들면서 온 근육이 긴장하는 것을 느꼈다. 아버지는 후무스(병아리콩을 으깨어 만든 중동 음식―옮긴이)만큼이나 걸쭉한 이스라엘 억양으로 점장에게 막 말을 건 참이었다. 마치 아널드 슈워제네거가 점장과 이야기하고 있는 것처럼 들렸다.

"이해를 못 하겠네요."

점장에게 자신을 소개한 뒤 아버지는 우렁우렁 울리는 목소리로 말을 이었다.

"당신은 이 세상에서 가장 위대한 나라에서 살고 있어요. 그리고 당신의 가게는 업계 최고예요. 그런데 아직도 쓰레기 같은 복사기를 쓰고 있군요. 왜죠? 제가 오늘 참 잘 왔네요. 여기 훨씬 더 좋은 복사기가 있어요. 한번 보여드릴게요!"

아버지는 복사기를 팔려고 했지만 들어가는 상점마다 퇴짜를 맞았다. 퇴짜는 끝없이 이어졌다. 아버지는 셀 수 없을 정도로 많은 퇴짜를 맞았다. 하지만 퇴짜를 맞으면 입을 헹군 뒤 다시 다른 상점에 들어가서 복사기를 들이밀었다. 하루도 빠짐없이 이 일이 반복됐다.

그러다 보면 어렵사리 복사기를 사겠다는 고객도 만날 수 있었다. 이런 날은 특별했고 대단히 즐거운 날이었다. 심지어 복사기 두 대를 판 날도 있었다! 그런 날이면 아버지는 부리토를 먹으며 성공을 축하하자고 했다!

아버지가 부리토 가게에서 자리에 앉으며 내게 물었다.

"노아, 왜 그렇게 슬픈 얼굴을 하고 있어?"

아버지와 함께 아드레날린에 흠뻑 취해 오늘을 축하하며 기뻐해야만 했지만 나는 뭔가 잘못됐다는 느낌이 들었다. 아버지는 결국 복사기를 팔았지만 그 과정이 몹시도 무기력하고 무의미하게 느껴졌다. 나는 고개를 저었다. 그리고 아버지에게 물었다.

"'노No'라는 소릴 너무 많이 들었어요. 노, 노, 노, 노, 노. 온종일 '노'라는 말만 들은 것 같아요. 이렇게 종일 거절만 당하는데 그만두고 싶지 않으세요?"

아버지의 대답은 내 인생을 바꿔놓았다.

"거절을 사랑하렴! 보물처럼 거절을 수집하렴! 하루에 거절을 몇 번이나 당하겠다는 목표를 세우는 거야. 나는 매주 거절을 100번 경험하겠다는 목표를 세웠단다. 그렇게 많이 거절당할 만큼 열심히 일하다 보면 복사기를 사겠다는 고객도 조금이지만 만나게 된단다.”

아버지가 내 이름을 '노'아라고 지은 이유가 이건지도 모르겠다. 아버지는 내가 거절을 당하는 걸 두려워하지 말고 원하는 것을 요구할 수 있길 바라셨던 게 아닐까? 그래도 그렇지, 거절을 사랑하라고? 거절당하는 것을 목표로 삼으라고?

아버지는 거절을 바람직한 무언가로 재구성했다. 그래서 거절을 당하더라도 기분이 좋은 것이었다. 심지어 '거절당하는 것을 목표로 삼아라'라고 했다! 불현듯 나는 아버지가 뭔가를 요구하길 주저하지 않았던 이유가 이해됐다. 누군가에게 뭔가를 요구하면 얻는 것은 아주 많고 잃는 것은 아주 적기 때문이다. 그리고 아버지가 옳았다!

퇴짜를 맞는 아버지를 보며 내가 민망해할 때마다 아버지는 이렇게 말했다.

“잃을 게 뭐가 있어? 그래, 사람들은 복사기를 사지 않겠다고 했지. 하지만 그게 어때서? 이렇게 복사기가 필요하지 않냐고 물어서 복사기를 팔면 나는 많은 것을 얻는데 말이야.”

그저 요구해서 원하는 것을 얻는다면 요구는 두려워할 게 아니다. 요구해서 원하는 것을 단번에 얻어내는 삶은 우리가 꿈꾸는 삶인지도 모른다. 여기서 핵심은 완벽하게 요구하는 법이 아니다. 요구하는 행위 자체에 힘이 있다는 것이다. 카일 맥도널드Kyle MacDonald 는 고작 14차례 요구해서 빨간 종이 클립을 번듯한 집 한 채와 교환해냈다![1]

이 모든 것이 분명해진 순간에 나는 아버지가 천재처럼 느껴졌다. 아버지는 MBA 학위를 딴 적도, 영업 훈련을 받은 적도, 자기계발서를 읽은 적도 없었다. 심지어 영어도 잘하지 못했고 아무것도 가진 것 없는 이민자였다. 하지만 아버지의 주머니에는 현금 뭉치가 항상 들어 있었다. 어디든지 일주일이라는 시간만 주어지면 아버지는 앞으로 무엇을 어떻게 해야 할지 길을 찾아내고야 말았다.

결국에는 약물 중독으로 모든 것을 잃어버린 아버지가 어떻게 그럴 수 있었을까? 아버지가 잘하지도 못하는 영어로도 복사기를 팔러 다닐 수 있었던 비결을 한 단어로 요약하면 '후츠파'chutzpah 다. 후츠파는 이디시어로 투지, 용기, 뻔뻔함을 의미한다. 후츠파는 저돌적이고 단호한 삶의 태도다. 이스라엘 사람이 당신에게 후츠파가 있다고 말하면 당신은 스스로 원하는 것을 알고 이를 얻기 위해 앞으로 나아간다는 뜻이다. 그리고 당신이 아주 집요하고 원하는 걸 얻기 위해 무슨 일이든지 할 것이란 뜻이다.

어머니도 이 사실을 너무나 잘 알고 있었다. 어머니는 항상 내게 "삐걱대는 바퀴가 기름을 얻는다."라고 말했고 그 '삐걱대는 법'을 가르쳐주었다. 일례로 어머니는 반품이 되는지 궁금하다는 이유로 결혼 선물로 받은 은식기류를 반품하려고 했다. 그것도 결혼한 지 30년이나 지나서 말이다. 아무래도 어머니도 후츠파를 알고 있었던 것 같다.

두려워도 뻔뻔하게, 대담하게 자신이 원하는 것을 요구하는 능력은 기업가가 반드시 갖춰야 하는 궁극적인 자질이다. 알다시피 대부분 사람은 자신이 원하는 걸 다른 사람에게 요구하지 않는다. 그저 원하는 것을 얻을 수 있기를 바라고 에둘러 제안하거나 넌지시 알리는 정도다. 하지만 사업할 때는 얻고자 하는 것을 상대에게 요구해야 한다. 요구하지 않으면 그 무엇도 얻지 못한다. 사업뿐만 아니라 삶에도 해당하는 말이다. 정말이지 우리 모두의 인생에 적용되는 말이다.

원하는 것을 뻔뻔하게 요구하는 능력 덕분에 수많은 이민자나 그들의 자녀가 사업가로 성공하는 경우가 많다. 내 아버지처럼 그들은 사회에서 일반적으로 용인되지 않는 행동을 해서 사회적 책임을 질까 봐 걱정하지 않는다. 왜냐하면 사회적으로 해선 안 되는 행동이 무엇인지 알지 못하기 때문이다. 즉 천진난만하게 무엇이든 요구할 수 있다는 뜻이다. 이런 태도는 사업을 할 때 엄청난 무기가 된다.

이 무기는 직접 사용해봐야 그 힘을 제대로 이해할 수 있다. 나는 운이 좋게도 초등학교 4학년 때 이 무기를 직접 사용하고 그 힘을 경험할 수 있었다. 아버지에게 인생을 바꿀 만한 조언을 듣고 나서 몇 개월이 지난 뒤였다. 나는 우연히 잡지 카탈로그 하나를 봤다. 아이들이 이 집 저 집을 돌아다니며 할인 구독권을 판매하는 일거리를 소개하는 것이었다. 예를 들어 미국 과학잡지 《파퓰러 메카닉스》Popular Mechanics 의 1년 구독권은 8달러에 팔면 되었다. 해당 잡지사는 잡지 구독권을 제일 많이 판매한 아이에게 피자 파티를 열어준다고 했다. 그걸 본 순간 눈이 번쩍 뜨였다. 나는 토실토실했고 피자를 너무나 좋아했다. 그래서 뒤도 안 돌아보고 거리로 나섰다.

나는 진코JNCO 에서 나온 배기 반바지를 입고 새너제이 거리를 돌아다녔다. 구독권이 너무나 저렴했기 때문에 사람들이 잡지를 안 살 수가 없

두려워도 뻔뻔하게,
대담하게 자신이 원하는 것을
요구하는 능력은 기업가가
반드시 갖춰야 하는
궁극적인 자질이다.

었다. 나는 사람들에게 내가 제일 좋아하는 잡지라며 구독해달라고 했다. 당연히 거절을 많이 당했다. 하지만 놀랍게도 한 집 걸러 한 집이 잡지 구독권을 구입했다! 4학년 노아는 잡지 구독권을 팔았다는 성공에 흠뻑 취했다. 당시 나는 성적이 중간 정도였고 그렇다고 운동을 대단히 잘하는 편도 아니었다. 하지만 잡지사의 '피자 파티 챌린지'에서 가장 높은 판매고를 올리고 1등을 거머쥔 것이다!

이날 이후로 나는 '요구 기계'가 되어 원하는 것이 있으면 사람들에게 일단 요구하곤 했다. 이는 내가 다수의 사업을 성공시킨 비결이기도 하다. 지금부터 사업에서 그 무엇보다 중요한 '요구 근력'을 기르는 데 방해가 되는, 거절에 대한 두려움을 이겨내는 법을 배울 것이다.

● 앗싸, 피자다아아아아!

요구 근력을 키우자

위험과 두려움 그리고 거절을 받아들이면 삶을 완전히 바꿀 힘이 생긴다. 사실 아주 간단한 일이다. 나는 '매달 1,000달러 벌기'라는 비즈니스 강좌를 개설해서 1만 명이 넘는 사람들이 이 간단한 일을 할 수 있게 도왔다. 놀랍게도 사람들이 사업에서 성공하지 못하는 가장 큰 이유는 '전략 부재'가 아니라 '요구 회피' Ask Avoidance 였다.

돈을 얻는다는 것은 말 그대로 '돈을 얻다'란 의미가 아니라 '돈을 받다'란 의미다. 이게 핵심이다. 무엇이든지 요구해야 받을 수 있다.

사람들은 무언가를 요구했다가 비난받거나 멍청하게 보이면 어쩌나, 아무런 소용이 없으면 어쩌나 하는 두려움을 안고 있다. 이런 착각은 구속복처럼 사람들의 잠재력을 옥죈다. 그러나 구속복을 벗어 던지면 판이 완전히 뒤집힌다. 즉 먼저 원하는 것을 요구해서 거절일지 승낙일지 모를 불확실한 상황에 뛰어들면 100만 달러짜리 사업을 시작하고 삶을 다시 설계할 수 있다. 다시 한번 말하겠다. 그만큼 중요하기 때문이다. 무엇이든지 요구해야 받을 수 있다. 요구 근력을 키우는 것은 기업가로서 성공하기 위한 필요조건이다. 물론 어떻게 요구 근력을 키우느냐가 관건이지만 말이다.

알다시피 나는 슈퍼맨이 아니다. 당신이 '저 사람은 거절당하는 게 전혀 두렵지 않나?'라고 생각하고 있다는 것도 안다. 물론 나도 거절당할까 봐 두렵고 거절을 당하면 매번 우울하다. 매일 나는 거절이란 가시에 찔려 가슴이 쓰라리다. 그런데 그 덕분에 성공한다.

불과 몇 달 전 일이다. 나는 디자이너를 채용하려고 했다. 농담 안 하고 하루에 6~8시간 동안 콜드 메일 cold email (기존에 만남이나 접점이 없던 상대에게 처음으로 보내는 이메일—편집자)을 보냈다. 기본적으로 이렇게 콜드 메일을 보내면 온종일 거절을 당한다. 마치 술집에서 말을 붙이는 여자마다 웃으며 쌩하고 술집을 나가버리는 것 같다.

한번은 내가 너무나도 고용하고 싶었던 유능한 디자이너에게서 회신이 왔다. 그런데 회신 내용이 너무나 가혹해서 나는 금방이라도 울고 싶은 심정이었다.

'하하하. 설마 내가 구글을 그만두고 거지 같은 당신 회사에서 일할 거라 생각하나요?!'

속상했다. 거절을 당하면 항상 마음이 아프다.

그렇다면 어떻게 거절을 당하는 두려움과 슬픔을 이겨낼 수 있을까? 나의 경우, 결국엔 우리 모두 죽을 테니 거절의 두려움과 슬픔은 아무것도 아니라고 되뇐다. 그런데 정말로 거절당하는 것은 아무것도 아니다. 솔직히 내 요구를 들어주지 않은 사람 중에서 누가 내 장례식에 올까? 아무도 안 올 것이다! 이런 생각은 거절을 당했을 때 그 경험이 감정에 미치는 부정적인 영향을 줄이는 데 꽤 효과적이다.

그러고 나서 거절 목표치를 상기한다. 가령 '기분이 더러울 거야. 딱 25번만 거절을 당하자'라고 목표를 세우는 것이다. 이렇게 하면 요구하고 거절당해서 자존감에 상처를 입기보다는 이 과정을 하나의 게임으로 생각하고 받아들일 수 있게 된다. 나는 아버지가 거절에 대한 인식을 긍정적인 것으로 재구성했던 방식을 이용해 뭐든 어려운 일은 성장과 연관 짓는 훈련을 했다.

그리고 이런 방식으로 성공할 수 있도록 나를 훈련했던 이는 아버지 뿐만이 아니었다. 스팽스Spanx의 창업자 세라 블레이클리Sara Blakely의 아버지는 그녀와 그녀의 남동생에게 밤마다 "이번 주에는 무엇에 실패했니?"라고 물었다고 한다.[2]

블레이클리는 어렸을 때부터 이렇게 실패를 인정하는 연습을 한 덕분에 7년 동안 팩스기를 방문 판매하면서 거의 매일 겪었던 굴욕을 견뎌냈다. 그리고 9년 동안 미국의 모든 양말 공장이 그녀의 첫 번째 상품을 생산하지 않겠다고 거절해도 견뎌냈다. 또 몸매 보정용 속옷을 팔기 위해 댈러스에 있는 니먼 마커스Neiman Marcus 백화점에 전화할 때도 번번이 거절당했지만 끈질기게 설득한 끝에 결국 입점에 성공했다.

보통은 한 번 거절당하면 포기해버린다. 하지만 블레이클리는 거절당해도 절대 포기하지 않았다. 그 덕분에 그녀는 41세에 미국에서 가장 어린 나이에 자수성가한 여성 억만장자가 됐다. 내 아버지라면 그녀의 거절 이력의 진가를 알아봤을 것이다. 어쩌면 당신도 100만 달러를 처음으로 벌어들이기까지는 열 번의 거절을 당해야 할지도 모른다. 그러나 마지막 한 번의 거절을 견디지 못하고 포기해버리면 100만 달러는 날아가 버리고 결국은 실패로 끝날 것이다.

거듭된 거절에도 포기하지 않는 비결은 반복적으로 거절에 자신을 노출시켜 거절의 고통에 무뎌지는 것이다. 거절을 당했을 때 느끼는 불편한 감정을 받아들이고, 그 감정을 적극적으로 느끼면서 앞으로 나아갈 방향을 조절하는 나침반으로 삼자.

밥 먹듯이 요구하라

도대체 어떤 사람이 100만 달러짜리 사업을 시작할까? 바로 자신이 원하는 걸 요구할 줄 아는 사람이다.

- 새로운 회사에서 일하고 싶다면 일할 기회를 달라고 해야 한다.
- 더 많은 연봉을 받고 싶다면 연봉 인상을 요구해야 한다.
- 무언가를 팔고 싶다면 고객에게 사달라고 요구해야 한다.
- 가정에서도 배우자나 자녀에게 대우받고 싶다면 그렇게 해달라고 요구해야 한다.

힘이 되는 인맥, 오르는 매출, 열심히 일하는 직원들, 직장 생활과 여가 생활의 건전한 균형 등은 새롭게 시작한 사업이 성장성과 수익성이 있고 성취감을 제공한다는 뜻이다. 그런데 이렇게 되려면 반복해서 원하는 것을 요구할 의지가 반드시 있어야 한다. 그럼 지금부터 원하는 것을 요구하는 팁을 몇 가지 알려주겠다.

> 꿀팁 **집요하게 요구한다.** 지금까지 받은 모든 거절이 결국은 수락으로 이어질 것이다. 당신이 이 사실을 믿기 바란다. 집요하게 요구하다 보면 대부분의 거절이 '지금은 아니다'란 뜻임을 깨달을 것이다.

고등학생이었을 때 내 꿈은 마이크로소프트에서 일하는 것이었다. 나는 마이크로소프트 직원이 되기를 간절히 원했다. 캘리포니아 대학교 버클리 캠퍼스에 진학해서 2학년이 됐을 때 나는 개발자를 찾는 채용 담당자를 찾아가 당당히 물었다.

"전 엔지니어는 아니에요. 경영학도예요. 그래도 제가 참여할 수 있는 마이크로소프트 하계 인턴십이 있을까요?"

그녀는 없다고 했지만 나는 계속해서 물었다. 나는 마치 기름칠이 필요한 녹슨 바퀴처럼 계속 삐걱댔다. 20번째 물어봤을 때 그녀는 포기했다는 듯이 이렇게 말했다.

"실은 경영학 전공자들을 위한 인턴십이 있어요."

물론 그 인턴십이 나를 위해 만들어진 것은 아니었을 터였다. 하지만 나는 그렇게 생각하기로 했다. 어쨌든 그 인턴십에 참여한 덕분에 나는 빌 게이츠의 집에서 점심을 먹으며 즐거운 시간을 누릴 수 있었다.

꿀팁 꼬리에 꼬리를 물며 요구한다. 처음에 거절당하고 다시 요구했을 때 긍정적인 답변을 받을 가능성이 두 배 올라간다는 연구가 있다.[3]

앱스모에서는 매출의 50퍼센트가 후속 메일에서 발생한다. 한번 생각해보자. 후속 메일은 고객에게 보내는 첫 번째 메일만큼이나 강력하다. 진정 원하는 것이 있다면 얻을 때까지 끈질기게 요구해야 한다. 나는 이메일을 보낼 때 팔로우업닷씨씨followup.cc를 사용하고 후속 메일을 잊지 않고 보내려고 시리Siri도 자주 사용한다. 구글의 스누즈Snooze 기능을 사용하거나 직접 후속 메일을 작성할 수도 있다!

> 꿀팁 **제품이나 서비스를 파는 건 누군가(고객)를 돕는 것이다.** 당신의 제품이나 서비스가 고객의 삶을 개선하는 데 도움이 된다고 믿는다면 영업이 곧 교육이 된다. 말하자면 당신은 영업 활동을 통해 사람들을 돕는 것이다. 판매하거나 요구하는 행위를 누군가를 돕는 행위라고 생각하기 시작하면 컨설팅을 해주거나 창문 청소를 해주거나 맛있는 쿠키를 파는 일이 신나는 일이 될 것이다. 이를 받아들이고 나면 원하는 것을 요구하는 일이 덜 부담스러워지고, 이기적인 욕심보다는 공동체를 위한 재능처럼 느껴질 것이다.

당신의 제품이나 서비스가 정말로 사람들의 욕구를 충족시킬 수 있다면 당신은 그걸 팔아야 할 도덕적 의무가 있다.

_지그 지글러Zig Ziglar

캘리포니아 대학교 버클리 캠퍼스 시절, 나는 컨설팅 회사인 HFG 컨설팅HFG Consulting을 설립했다. 대학가 인근에서 장사하는 상인들에게 대학생을 타깃으로 제품이나 서비스를 마케팅하는 법에 대해 컨설팅을 해준 것이다. 당시 나는 많은 신입생이 인턴십에 참여할 기회를 얻지 못한다는 것, 많은 상인이 대학생을 대상으로 마케팅 활동을 하는 데 애를 먹는다는 것을 알고 있었다. 인턴십에 참여하지 못한 신입생들은 기회만 생긴다면 내 밑에서 일하려고 할 것이었다.

그렇게 모인 사람이 20명이었고 우리는 대학가 근처에서 장사하는 상인들에게 마케팅 컨설팅을 제공했다. 하루는 내 인턴인 케니가 학생 할인카드를 발급하자고 제안했다. 제안을 듣고 내가 제일 먼저 한 생각은 '정말로? 그 사업에 손대자고?'였다. 당시 대학생들이 상투적으로 시작하는 다섯 가지 사업이 있었다. 할인카드 사업, 신용카드 사업, 티셔츠 사업, 개인교습, 술과 관련된 사업이었다. 그중에서도 할인카드 사업은 대학생들이 시작했다가 실패하는 단골 사업이었다.

그래서 할인카드 사업에 뛰어들지 않는 건 통념처럼 여겨졌고 대부분이 선뜻 손대지 않았다. 하지만 나는 통념을 액면 그대로 받아들여서는 절대 안 된다고 믿었던, 영업에 미친 아버지 밑에서 자랐다. 아버지는 언제나 뭐가 됐든지 직접 시험해봐야 한다고 말했다.

일단은 할인카드 사업에 주변 상인들이 관심이 있는지 살펴보는 것 자체가 엄청나게 많은 돈이나 시간이 드는 일은 아니라고 생각했다. 그래서 케니의 제안을 수락했다.

"좋아. 일단 나가서 학생 할인카드 사업에 참여할 의향이 있는지 시장조사를 해보자."

케니는 잠시 뜸을 들이더니 되물었다.

"그러니까, 지금 당장 나가자는 거죠? 다짜고짜 밖으로 나가서 아무나 붙잡고 학생 할인카드를 받아달라고 하자는 거죠?"

그러자 머릿속에서 '생각 풍선'이 떠올랐다. 그 생각 풍선에는 '어떻게 할지 고민하지 말고 지금 행동하자'라고 쓰여 있었다. 그래서 나는 흔쾌히 답했다.

"그래, 지금!"

우리는 가게를 돌아다니면서 "할인카드를 제시하는 학생들에게 할인해주면 수천 명까진 아니더라도 수백 명에게 가게를 마케팅할 수 있을 겁니다."라고 말했다. 우리는 그저 이 사업이 그들에게 어떻게 도움이 되는지를 설명했다. 상인들은 돈을 들이지 않고 더 많은 고객을 유인할 수 있다면 뭐든지 환영했다. 대략 20명 정도가 우리의 할인카드 사업에 참여해서 학생들에게 할인 서비스를 제공하겠다고 했다. 이 정도면 학생들이 10달러를 내고 우리가 파는 할인카드를 구매할 것 같았다(할인카드 한 장을 제작하는 데 50센트가 들어갔다).

학생 단체와 남학생 사교클럽에 모금 수단으로 할인카드를 사용하라고 설득하면 사업에 큰 도움이 되리라 생각했다. 이것이 할인카드를 팔 최고의 방법이었다. 우리는 사람들이 돈을 벌도록 도왔고 판매 수익을 반으로 나눴다. 그저 이 할인카드 사업이 어떻게 그들에게 도움이 되는지를 설명했을 뿐이었다.

얼마 지나지 않아 우리는 할인카드 사업을 여러 대학 캠퍼스로 확장했다. 우리는 사업 아이디어를 빨고 헹구기를 반복하며 새로운 사업 아이디어를 만들어냈다. 그리고 1년 만에 할인카드 사업으로 5만 달러를 벌어들였다.

자, 이제 당신 차례다.

챌린지 05

커피 챌린지

일단 아무 카페나 들어가라. 굳이 카페가 아니어도 좋다. 아무 가게나 일단 들어가면 된다. 작은 물건을 사고 10퍼센트 할인해달라고 해보자. 이 외에 다른 말은 하지 마라. 이 모든 것의 목적은 불편함을 느끼기 위해서다. 오늘 당장 해보자.

이 챌린지를 완수한 사람들은 모두 그 경험이 자신의 삶에 아주 유익했다는 글을 블로그에 올렸다. 이 책을 읽고 있는 당신도 그들과 같은 경험을 하길 바란다.

커피 한 잔 사고 할인을 요구하는 게 뭐가 그리 대수냐고 생각할 수 있다. 하지만 실제로 해본 사람들은 이 경험이 자신에게 얼마나 놀라운 영향을 미쳤는지 팟캐스트에서 몇 시간 동안 떠들어대고, 블로그에 긴 글을 올리고, 트위터에 연신 메시지를 날린다. 이 경험의 영향은 결코 부인할 수 없다.

"그거야 식은 죽 먹기지." 내 동생 세스가 파네라 브레드Panera Bread로 들어가면서 내게 한 말이다.

"클럽 샌드위치랑 물 한 잔 주세요."

호기롭게 주문을 마친 세스는 갑자기 더듬거리며 겨우 입을 뗐다.

"어, 저기요. 실례지만…, 저기 그러니까…, 10퍼센트 할인을…, 받을 수 있을까요?"

가게 안에 적막이 흘렀다. 동생과 점원에게 모든 시선이 집중됐다.

"그렇게는 안 될 것 같아요. 죄송해요."

"아, 아니요, 괜찮아요! 감사합니다."

우리는 주문한 음식을 들고 테이블에 앉았다. 충격적이게도 내 동생은 물건을 사고 할인해달라고 말하는 것이 아주 쉬울 것이라고 생각했다. 하지만 더 중요한 건 실제로 물건을 사고 대뜸 할인을 요구했고, 비록 거절당했지만 그 미션을 해낸 자신을 자랑스럽게 여겼다는 사실이다.

이 커피 챌린지는 요구 근력을 키우는 데 최고의 방법이다. 무려 1만 명이 넘는 사람들이 커피 챌린지에 도전했다. 고민할 것도 없다. 다음 대본을 그대로 따라 하면 된다.

당신: 안녕하세요?

점원: 어서 오세요. 주문하시겠어요?

당신: 저지방 우유를 넣은 바닐라라테 한 잔 주세요. (이것은 내가 제일 좋아하는 음료다. 당신이 좋아하는 음료로 대체해도 좋다.)

점원: 물론이죠. 3달러 50센트입니다.

당신: 10퍼센트 할인해주세요. (여기서 핵심은 미소를 띠며 '원하는 바를 분명하게 전달하는 것'이다. 그 외에 다른 말은 해선 안 된다.)

점원: 왜요?

당신: 실은 경영 수업을 듣고 있는데, 이게 과제예요. (미소를 잊지 말자.)

아마도 대다수가 이 대본을 보고 신나게 떠들어댈 것이다. "오, 너무 쉽잖아. 난 초보가 아니야." "괜히 카페 점원을 곤란하게 만들고 싶지 않은데." "내 영업 경력이 무려 5년이라고." 그러면서 이런저런 핑계를 대며 막상 시도하지는 않을 것이다.

이게 커피 챌린지의 핵심이다. 적당히 얼버무려 껄끄러운 상황에서 벗어나는 것이 중요한 게 아니다. 분명하게 원하는 것을 요구하는(그리고 퇴짜맞는) 연습을 하는 것이다. 커피 챌린지에 도전했다가 겪을 최악의 경험이라고 해봐야 점원이 당신의 요구를 들어주지 않고 이상하게 당신을 쳐다보는 것뿐이다.

이것 말고 최악의 상황이 뭐가 있을까? 아니면 당신 뒤에서 자기 주문 차례를 기다리는 사람들이 눈을 부라리며 당신을 째려보는 정도이지 않을까? 살짝 분하겠지만 역시 그뿐이다. 하지만 커피 챌린지에 도전하고 나면 가슴속 깊은 곳에서부터 자신감이 솟아나는 걸 느끼고, 자신이 생각했던 것보다 훨씬 많은 일을 할 수 있다고 깨닫는다. 이것이 커피 챌린지의 힘이다!

다음은 커피 챌린지에 도전했던 몇몇 사람들이 밝힌 소감이다.

- 디터 S.: "거절에 더 당당하게 맞설 수 있을 것 같아요. 부업으로 하는 자전거 대여 사업에 후원금을 성공적으로 모을 수 있다는 자신감이 생겼어요."
- 제니퍼 존스: "솔직히 무서웠어요. 하지만 전 해냈고 성장했어요. 사실 전 엄청 소극적인 성격이에요! 그런 제가 어려운 요

구를 해냈다는 게 여러모로 제 인생에 도움이 됐고 더 나은 사람이 된 기분이에요."

- 제이슨 블레이크: "거절당한다고 해서 인생이 끝나지 않는다는 것을 알게 됐죠. 익숙한 것에서 벗어나 즐기는 방법을 배웠어요."

일단 해보자! 너무 오래 생각하지 말고 그저 행동하자. 커피 한 잔을 사고 10퍼센트 할인해달라고 요구하는 것이다. 이 커피 챌린지에 도전했던 사람들을 보면서, 나는 이렇게 거절 목표치를 달성하고 요구의 잠재력이 발휘될 때 창조자의 용기가 솟아난다는 걸 발견했다.

요구는 우리가 키워야 하는 근력이고 커피 챌린지는 바로 이 근력을 키울 수 있는 체육관이다. 요구하는 법을 배우는 것은 새로운 습관을 익히는 것과 같다. 가벼운 요구부터 시작해서 서서히 요구의 강도를 높여나가자. 원하는 것을 요구하는 게 두려운 사람들은 커피 챌린지처럼 거절당하는 연습을 가볍게, 조금씩 해나가면 결국은 두려움을 이겨낼 수 있다.

커피 챌린지의 목표는 퇴짜맞는 것임을 기억해야 한다! 핵심은 실패를 경험하고 극복하는 것이다. 거절을 몇 번 당하고 나면 누군가로부터 퇴짜맞는 것이 생각만큼 끔찍한 경험은 아니라는 사실을 깨달을 것이다. 이는 100만 달러짜리 사업을 만들 때 꽤 효과적인 방법이다.

요구하고 거절당하는 두려움을 즐겨라. 지금 당장 원하는 것을 요구해보자!

지금까지 요구의 중요성에 관해 이야기했다.

지금부터 나는 당신에게 요구하려고 한다.

이 책이 가장 필요한 사람에게 갈 수 있도록 당신이 나를 좀 도와줬으면 한다.

내 책이 당신에게 유용했다면 30초만 시간을 내서 짧은 후기를 남겨주길 바란다.

이 책을 선택한 이유를 돌아보고 짤막한 후기를 남겨주면 된다. 혹시 아마존이나 굿리즈의 별 다섯 개 후기에 시선이 가서 이 책을 집어 들었는가? 그러면 당신도 후기를 남겨서 다른 사람이 100만 달러짜리 주말을 경험할 기회를 주는 건 어떨까?

이 책을 쓰기 전에 나는 오스틴 공항에서 보안 요원으로 일하는 맷을 만났다. 그에게도 나와 같은 꿈이 있다. 그 역시도 사업을 시작해서 자신의 삶을 바꾸고 싶어 했지만 그는 이 책에 대해 한 번도 들어보지 못했던 것 같았다.

당신의 후기가 내겐 아주 소중하다. 그리고 맷과 같은 누군가의 세상을 바꿀 수도 있다. 당신이 남긴 간단한 후기가 누군가의 인생을 영원히 바꿀 수 있다면 무척이나 의미 있는 일일 것이다.

후기를 쓰는 데는 돈이 들지 않는다. 그저 30초면 충분하다.

아마존이나 서점 웹사이트에서 이 책을 검색하고 후기를 남겨보자. 또는 책을 구입한 곳에 후기를 남기자. 킨들이나 전자책 단말기에서 책의 마지막 장으로 이동해서 후기를 남길 수도 있다.

참고로 나는 후기를 모두 읽는다. 그리고 누군가가 내 책에 후기를 남기면 내 사무실에 알람이 울린다. 그러면 어머니가 그 사실을 내게 알려주고 우리 팀 전원이 내가 마치 슈퍼볼에서 우승이라도 한 듯이 축하한다.

자, 이제 다시 당신의 '100만 달러짜리 주말'로 되돌아가자.

_당신을 영원히 사랑하는 노아로부터

PART 2

만들어라
Build it

• '100만 달러짜리 주말'을 보내는 법 •

첫 번째 파트에서는 당신의 기업가정신에 점화 장치가 될 기본 습관 두 가지를 살펴봤다. 하나는 끊임없이 시작하는 습관이고 다른 하나는 원하는 것을 요구하는 습관이다. 드디어 금요일, 이제 당신만의 사업을 시작할 '100만 달러짜리 주말'을 보낼 때다. 매우 간단하지만 꿈만 꾸던 사업을 실제로 구상해보고 기업가정신을 발휘해 아이디어를 사업화하는 데 효과적인 방법이다. 100만 달러짜리 주말을 보내는 데는 48시간이면 충분하다. 이 파트에서는 100만 달러짜리 주말을 구성하는 세 가지 단계를 살펴보고 이를 실천해볼 것이다.

- **100만 달러짜리 아이디어를 찾아라:** 돈이 되는 사업 아이디어는 어떻게 찾을까?
- **1분 사업 모델을 만들어라:** 눈앞의 기회들이 100만 달러짜리 사업(또는 그 이상의 가치를 지닌 사업)이 될 수 있는지 없는지는 어떻게 판단할까?
- **48시간 머니 챌린지에 도전하라:** 시간이나 돈을 낭비하지 않고 이 기회들을 어떻게 시험해볼 수 있을까?

이 세 가지 단계만 거치면 일주일이라는 짧은 시간에 돈이 되는 사업으로 이어질 유망한 아이디어를 얻을 수 있다. 이제는 각 단계를 깊이 파고들 때다! 지금부터 내가 하라는 대로 하면 이 책을 덮을 때쯤 말할 수 없이 큰 보람을 느낄 것이다.

100만 달러짜리 아이디어 찾기

· · ·

간단한 연습으로 돈이 되는 아이디어를 찾아보자

나는 스포츠를 즐겨 보지 않고 게임도 별로 좋아하지 않는다. 하지만 트렌드는 놓치지 않는다. 판타지 스포츠(이용자가 온라인에서 가상의 팀을 꾸려 스포츠 경기를 치르는 게임―옮긴이)는 거대한 시장을 형성했고 스포츠 베팅도 시장이 커졌다. 이 트렌드를 놓치지 않고 나는 몇몇 동업자와 판타지 스포츠 베팅 사이트인 베트아케이드BetArcade를 만들었다. 우리가 페이스북에서 만난 사람들은 모두 이런 종류의 스포츠 게임을 즐겼다. 그래서 그들을 우리의 스포츠 베팅 사이트로 쉽게 유도할 수 있으리라 생각했다.

우리는 먼저 프로그래머를 고용한 후 대략 6개월이 걸려 스포츠 베팅 사이트를 만들었다. 여기에 약 10만 달러를 썼다. 그런 다음 변호사에게 의뢰해서 스포츠 베팅 사이트를 운영하는 게 합법인지 확인했고 여기에도 10만 달러를 썼다. 이렇게 만든 결과물은 꽤 괜찮은 편이었다. 그래픽도 멋졌고 사이트도 잘 돌아갔다. 그런데 '단 한 명도' 우리 사이트를 방문하지 않았다. 맙소사!

완전히 망했구나 싶었다. 갖고 있던 자금이 슬슬 바닥나기 시작했다. 결국 우리는 빈털터리가 됐고 나는 절박했다. 문제가 무엇이었을까? 다른 사람들도 우리와 같은 문제를 안고 있었을까? 이 문제를 해결할 방안을 신속하게 만들어낼 수 있을까?

당시 우리는 스포츠 베팅 사이트를 운영하면서 결제 대행업체인 오퍼팔 OfferPal 에 지불하는 수수료에 대해 연신 불평했다. 오퍼팔은 거래당 무려 50퍼센트에 이르는 수수료를 우리에게 부과했다. 오퍼팔에 이를 개선해달라고 계속 요청했지만 우리의 요청은 깡그리 무시당했다. 우리는 그런 오퍼팔이 너무나 싫었다.

나는 앤드루와 이런저런 사업 아이디어를 이야기하던 중에 무심코 "우리가 하면 더 저렴하게 결제 서비스를 제공할 수 있을 거야."라고 말했다. 순간 머릿속이 번뜩했다. 우리는 당장 물어보기로 했다. 즉시 페이스북에서 작동하는 게임을 개발하는 친구 몇 명에게 전화를 돌렸고, 낮은 수수료로 결제 대행 서비스를 이용할 수 있다면 결제 대행업체를 바꿀 의향이 있는지 물었다. 그들은 그렇다고 대답했고 우리는 곧장 결제 대행 프로그램을 만들었다. 결제 대행 프로그램을 만드는 것은 생각보다 어려운 일이 아니었다.

우리가 만든 결제 대행 프로그램의 베타 버전은 어느 주말에 나왔다. 그리고 2주도 채 지나지 않아 우리는 갬빗이라는 이름으로 결제 대행 서비스 사업을 정식으로 시작했다. 우리는 낮은 수수료를 부과하고 고객의 의견에 귀를 기울였다. 갬빗을 이용하는 친구들의 사업 수익은 20퍼센트 증가했다. 갬빗을 시작한 첫해에 우리는 1,500달러가 넘는 돈을 벌었다.

베트아케이드가 실패하고 절박한 순간에 떠오른 아이디어에서 시작된 갬빗이 시작과 동시에 성공했다. 이 경험에서 나는 유용한 창업 교훈한 가지를 얻었다. '내가 제공할 제품이나 서비스를 돈을 주고 살 의향이 있는 사람이 있는지 없는지 검증하지도 않고 사업을 시작하는 것은 치명적인 실수'라는 것이었다.

고객은 아이디어가 아닌 해결책을 원한다

고객은 당신의 사업 아이디어에 관심이 없다. 고객은 자기 문제를 해결할 수 있는지 없는지에만 관심이 있을 뿐이다. 따라서 고객이 돈을 내고 쓸 제품이나 서비스라는 확신이 100퍼센트 들지 않으면 그 아이디어를 사업화해선 안 된다.

내가 다 겪은 일이다. 그러니 내 말을 믿어도 좋다. 디즈니는 우리가 갬빗의 확장형 프로그램을 개발하면 자사 소셜 게임의 결제 프로그램으로 사용하겠다고 말했다(우리가 바라던 일이었다). 디즈니로부터 이런 말

고객은 당신의
사업 아이디어에 관심이 없다.
자기 문제를 해결할 수
있는지 없는지에만
관심이 있을 뿐이다.

을 들으니 우리가 진짜 대단한 사업 아이디어를 갖고 있다는 확신이 들었다. 우리는 6개월 동안 10만 달러를 투자해서 갬빗의 확장형 프로그램을 개발했다. 그런데 이를 본 디즈니는 아주 훌륭한 프로그램이지만 지금 당장 필요하진 않다고 하면서 더 이상 연락하지 않았다.

사업 아이디어를 구상할 때는 잠재 고객부터 살펴야 한다. 실제로 제품이나 서비스를 만들기 전에, 심지어 사업 아이디어를 찾기 전부터 고객을 먼저 살펴야 한다. 사업에는 당신이 제공하는 제품이나 서비스를 살 사람이 필요하기 때문이다.

나는 자신의 사업 아이디어가 어떠냐고 묻는 이메일을 많이 받는다. 이런 이메일을 받을 때마다 나는 항상 "당신의 잠재 고객이 무슨 생각을 하는지 고민한 적 있나요?"라고 물어본다. 스티브 잡스는 "고객 경험에서 출발해서 거꾸로 일해야 한다."라고 말했다.[1] 제프 베이조스도 아마존에서 일하는 모든 사람이 '고객 우선 접근법'을 채택해 아이디어를 고민하고 어떤 아이디어를 사업화할지 결정하게 한다.[2] 그의 리더십 원칙 16가지 중 첫 번째가 '고객에게 집착하라'다. 그는 "리더는 고객으로부터 시작해서 거꾸로 일한다."라고 말했다.[3]

'거꾸로 일하라'라는 말은 먼저 고객 집단을 이해하고 그들이 어떤 부분에서 불편하다고 느끼는지 파악하라는 뜻이다(당신도 사업에 도전하기 전에 한 고객 집단의 일원일 수 있다!). 거꾸로 일하려면 육하원칙이 아닌 다음 '삼하원칙'을 따라야 한다.

- 누구Who에게 팔 것인가?

- 무슨What 문제를 해결할 것인가?
- 어디에Where 그들이 있는가?

　이번 장에서는 고객 우선 접근법을 이용해 집중적으로 공략할 시장 세 개를 정의하고, 각 시장에 대한 지식과 경험을 바탕으로 사업 아이디어를 고민해볼 것이다. 그리고 그중 성공할 가능성이 가장 큰 사업 아이디어 세 개를 선택하는 것이 목표다.

　100만 달러짜리 주말의 첫 단계에서는 아이디어를 실현해 제품이나 서비스를 만들기 전에(또는 땡전 한 푼이라도 쓰기 전에) 소규모의 얼리어답터 집단에 실제로 사업 아이디어를 팔아볼 것이다. 이 단계의 목표는 아이디어를 사업화했을 때 돈을 벌 가능성이 있는지 입증하는 것이다. 사업성이 입증될 때까지는 이 과정을 반복해야 하며 가능한 한 빠르고 저렴하게 움직여야 한다. 그렇게 실험하고 또 실험하다 보면 '짠' 하고 사업성이 입증되는 순간이 올 것이다.

아는 것부터 시작하라

앱스모를 시작한 게 벌써 10년 전이다. 당시 나는 샌프란시스코의 헤이트 애시베리 지구에서 반지하에 살던 1인 창업자였다. 낮에는 '스피드데이트'라는 온라인 데이트 사이트의 컨설팅을 했고 밤에는 머리를 쥐어짜며 사업 아이디어를 고민했다.

나는 갬빗과 비슷한 사업을 여러 개 갖고 있었고 사업 자체가 제품이자 서비스였다. 그런데 이게 문제였다. 나는 사람들이 내 제품을 사용하지 못하면 살 수 없을 정도로 사업을 중요한 경지에 올려놓고 싶었다. 그리고 훨씬 더 많은 고객을 너무나 확보하고 싶었다. 그 방법을 찾는 게 나의 최대 관심사였다.

사업하는 사람은 모두가 고객을 더 많이 확보하길 바란다. 나 역시 내 제품이 시장에서 (비타민처럼) 가지고 있으면 좋고 없어도 그만인 상품으로 취급받는 것을 원치 않았다. 내 제품이 시장에서 (진통제처럼) 반드시 있어야 하는 상품으로 여겨지길 바랐다.

어느 날 밤에 나는 맥하이스트Mac-Heist라는 기업에 대해 생각하고 있었다. 이 기업은 파격적으로 할인된 가격에 맥 번들 소프트웨어를 판매했다. 그 덕분에 맥 사용자들은 정말로 저렴한 가격에 유용한 앱을 구할 수 있었다. 나는 합리적인 거래를 무척 좋아했기에 맥하이스트가 고객을 확보하는 문제를 어떻게 해결했는지 너무나 궁금했다. 그래서 곧바로 조사에 착수했다.

맥하이스트는 소프트웨어 기업들, 즉 고객들의 가려운 곳을 긁어줄 수 있는 번들 소프트웨어를 출시했다. 그러면 그에 대한 보답이라도 하듯이, 소프트웨어 기업들은 맥하이스트의 번들 소프트웨어가 성공하도록 마케팅과 블로그 활동을 했다. 그렇다면 맥이 아닌 다른 운영체제에서 실행되는 소프트웨어, 즉 비非 맥용 소프트웨어를 번들 소프트웨어로 구성해 제공하는 사업에도 사업성이 있을까?

한 영역에서 효과가 있는 사업 모델을 다른 영역으로 가져와서 활용해보자. 앱스모가 고객 명단을 많이 확보할 수 있었던 주요 비결 중 하나는 경품이었다. 한 여성 패션 사이트에서 경품을 나눠 주는 것을 보고 앱스모도 경품을 나눠 주기 시작했다. 사업의 매출을 높일 아이디어를 찾고 있다면 자신이 속하지 않은 시장 영역에서 활동하는 기업 서비스에 가입하고 그 사업 모델을 살펴보는 것이 도움이 된다.

당시 창업가였던 나는 메일침프Mailchimp로 뉴스레터를 발송하고 드롭박스Dropbox에 파일을 저장하고 프레시북스FreshBooks에서 회계 업무를 처리하는 등 새로운 웹 기반 앱을 적극적으로 활용해 사업을 꾸려가고 있었다. 웹 기반 앱은 운영체제에 상관없이 인터넷에 접속할 수 있는 환경에선 어디든지 사용할 수 있었다.

그런데 비非맥용 소프트웨어를 번들 소프트웨어로 저렴하게 제공하는 이는 아무도 없었다. 아직 말이다! 이에 너무나 신난 나는 내가 좋아하는 앱을 저렴하게 번들 소프트웨어로 제공하는 사업을 시작했다. 그런데 신기하게도 나와 같은 생각을 했던 사람들이 많았던 것인지, 갑자기 엄청나게 많은 사람이 이 시장에 뛰어들기 시작했다! 그래서 나는 이 아이디어를 사업화했을 때 사람들이 과연 내가 제공하는 서비스를 기꺼이 구매할 것인지 입증해야 했다.

나는 소셜 뉴스 사이트 레딧Reddit에서 활발하게 활동하고 있다. 그래서 레딧 사용자들이 무엇을 좋아하고 레딧과 어떻게 상호작용하는지 잘 알고 있었다. 나는 모든 레딧 사용자가 좋아 마지않는 것, 즉 이미지를 공유하는 것에 주목했다.

당시 점점 많은 사람이 밈 이미지를 호스팅할 때 이미지 공유 사이트인 이머저Imgur를 사용하기 시작했는데, 레딧의 첫 화면에 올라오는 이미지가 포함된 거의 모든 게시글이 이머저에 호스팅됐다. 이머저는 누구나 무료로 사용할 수 있었지만 프로 구독 서비스는 유료였다. 만일 내가 이머저보다 아주 저렴하게 프로 구독 서비스를 제공한다면 레딧 사용자들이 내 서비스를 사용할까?

이 고민을 할 때 페이스북에서 만난 더그 허시Doug Hirsch를 찾아갔다. 그는 나의 멘토였고 나중에 의약품 가격 정보를 비교해서 제공하는 굿 RXGoodRX를 설립했다. 나는 그에게 내 사업 아이디어에 대해 어떻게 생각하는지 물었다. 그는 성공할 가능성이 없다고 딱 잘라 말했다. 내 사업 아이디어는 독자 생존이 가능한 장기적인 사업으로 구현할 소프트웨어가 없다고 했다.

　다른 누군가가 당신의 사업 아이디어를 의심한다고 해서 좌절하지 마라. 사업을 시작할 때 중요한 건 당신의 고객이 될 사람의 의견뿐이다. '고객을 우선으로 생각하는' 기업가는 고객들이 해결되기를 바라는 문제에 집중하고, 그 문제를 해소할 해결책을 만들고, 그들이 돈을 내고 그 해결책을 사용할 것임을 입증해야 한다. 당신 말고 그 누가 이 일을 하겠는가?

　멘토를 만나 오히려 정신이 번쩍 든 나는 100만 달러짜리 주말 과정에서 '아이디어의 사업성 입증하기' 단계에 들어갔다. 먼저 나는 요구 근력을 써서 이머저를 만든 앨런 샤프Alan Schaaf에게 콜드 메일을 보냈다. 알고 봤더니 그는 오하이오주에 사는 대학생이었다. 나는 앨런에게 할인가에 이머저 프로 구독 서비스를 홍보할 테니 영업 실적에 따라 수수료를 달라고 제안했다.

　다음은 내가 앨런에게 보낸 콜드 메일이다.

　　제목: 레딧에서 이머저 홍보 제안

　　받는 사람: 앨런 샤프

　　보내는 사람: 노아 케이건

　　안녕하세요. 앨런.

　　저는 이머저의 광팬으로 이머저 서비스를 애용하고 있어요.

얼마 전 우리가 사람들에게 좋은 제품이나 서비스를 합리적인 가격에 소개하는 사이트를 만들었는데, 여기서 이머저 프로 구독 서비스도 홍보하고 싶어요.

그렇게 하면 200명이 넘는 이머저 프로 구독자를 확보할 수 있을 것 같아요. 당신에겐 그 어떤 비용도 발생하지 않을 겁니다.

태평양 표준 시간대로 금요일 오후 5시에 AIM으로 채팅할 수 있을까요?

노아 케이건 드림

내가 무료로 이머저 프로 구독 서비스를 홍보해주겠다고 했기 때문에 앨런은 내 제안을 덥석 받아들였다! 나는 이 사업의 삼하원칙을 정의했다.

- **누구에게 팔 것인가?**: 잠재 고객을 찾았다. 나의 잠재 고객은 레딧 사용자들이었다.
- **무슨 문제를 해결할 것인가?**: 고객이 해결되길 바라는 문제가 무엇인지 고민했다. 그들은 이머저 프로 구독 서비스를 저렴하게 사용할 수 있기를 원했다.
- **어디에 그들이 있는가?**: 레딧 사용자들에게 내가 만든 해결책을 홍보할 곳이 필요했다. 나는 그렇게 본격적으로 사업을 시작했다!

나는 레딧 창업 멤버이자 엔지니어인 크리스 슬로Chris Slowe 에게도 콜드 메일을 보내 아침 식사를 제안했다. 베이컨을 먹으면서 나는 계획을 설명했고 공짜로 서비스 홍보를 할 수 있게 해달라고 요구했다. 조언도, 할인도 요구하지 않았다. 그저 무료 광고를 할 수 있게 해달라고 했을 뿐이다.

내가 크리스에게 보낸 콜드 메일은 다음과 같다.

제목: 안녕하세요. (크리스 스모크 친구가)

받는 사람: 크리스 슬로

보내는 사람: 노아 케이건

크리스에게,

얼마 전 저는 크리스 스모크를 만났습니다. 그가 안부 전해달라고 제게 말하더군요. 전 당신이 만든 레딧의 광팬입니다. 정말로 잘 사용하고 있어요!

포크 스토어 카페에서 아침 식사라도 대접하면서 몇 가지 제안도 드릴 겸 이머저와 계획하고 있는 멋진 프로모션에 대해 이야기하고 싶습니다.

이번 주 수요일 아침 9시 괜찮으실까요?

당신의 사업이 대박 나길 바라며,

노아 케이건 보냄

● 4시간 동안 만든 앱스모의 초기 홈페이지

크리스는 '물론이죠. 레딧 사용자들은 이머저를 말 그대로 사랑합니다. 할인된 가격으로 이머저 프로 구독 서비스를 사용할 수 있다면 엄청나게 좋아할 겁니다'라고 회신했다.

이제 이 사업이 제대로 굴러갈 수 있는 번듯한 사이트가 필요했다. 사이트를 개발하려면 돈과 시간이 필요하다. 지금부터 내 이야기가 점점 더 흥미로워진다. 나는 파키스탄에서 시급 12달러를 받는 개발자를 찾아냈고 그는 내 사이트에 페이팔 결제 버튼을 삽입해줬다. 이 작업은 4시간이 걸렸고 그 외에 모든 작업은 나 혼자서 처리했다.

- 앱스모 사이트를 제작하는 데 소요된 시간: 48시간
- 앱스모 사이트를 제작하는 데 소요된 비용: 50달러

제3장 100만 달러짜리 아이디어 찾기

그때만 해도 사업이 성공할지 어떨지 전혀 감을 잡을 수 없었다. 그래서 중요한 한 가지에만 집중하기로 했다. 일단 '사람들이 할인가에 소프트웨어를 사서 사용할 것인가?'에 주목했다. 혹시라도 사람들이 내가 소개하는 소프트웨어를 할인가에 사서 사용하지 않더라도 문제 될 건 없었다. 나는 이 사업에 최소한으로 투자했기 때문에 쉽게 다음 실험을 시작할 수 있을 것이었다.

마침내 앱스모 사이트를 홍보하는 광고물이 레딧에 올라갔다. 세상에나! 광고를 게재한 지 몇 분 만에 첫 매출이 발생했다. 첫 수익이 발생하는 순간은 언제나 달콤하다. 첫 수익은 모멘텀이자 가능성이다. 그리고 내가 잘하고 있다는 신호다.

꿀팁 '첫 수익 1달러'에 집중하자. 조금이라도 수익을 발생시켜 보는 거다. 이것은 모멘텀이 되어 이제 막 시작한 사업이 성공하리라는 믿음이 생길 것이다. 내가 창업한 모든 기업이 단 한 명의 고객으로 시작했다. 일단 첫 수익을 발생시킨 뒤에 고객을 늘려나가면 된다.

내가 알아차리기도 전에 목표치였던 200명의 구독자가 확보됐다. 이 사업이 고작 10년 뒤에 6,500만 달러 규모의 버젓한 기업이 되리라고 그 누가 알았을까?

사업계획은 필요 없다

'최소 기능 제품'Minimum Viable Product, MVP 이라는 개념을 떠올려보자. 처음부터 완벽한 제품이나 서비스를 개발해서 스티브 잡스처럼 멋지게 공개하려고 하지 마라. 대신에 생각하는 제품이나 서비스를 가장 단순한 버전으로 개발해서 바로 판매해보자. 외부와 철저하게 단절된 상태에서 제품이나 서비스를 끊임없이 개량하는 대신 단순한 시제품을 만들어 곧장 출시하고 실제 고객으로부터 빠르게 피드백을 받는 것이 중요하다. 이 피드백을 바탕으로 실제 시장에서 사람들이 무조건 살 수밖에 없는 제품이나 서비스를 점진적으로 개발해가는 것이다.

최소 기능 제품은 중요한 개념이지만 핵심이 빠져 있다. 바로 고객이다. 당신은 최소 기능 제품을 누구에게 팔 생각인가? 만약 그들이 당신의 최소 기능 제품을 원하지 않는다면 어떻게 할 것인가? 그들이 유명한 대기업이 만든 제품이나 서비스에만 돈을 지불하길 원한다면 어떻게 할 것인가? 고객은 생각하지도 않고 오직 최소 기능 제품에만 매달리는 이들에게는 오직 행운만을 빈다.

최소 기능 제품과 기업가정신을 논하는 오래된 이론의 문제는 제품이나 서비스에만 매몰되어 정작 그것을 원하는 사람, 즉 고객은 잊는다는 것이다. 나는 이를 '창업자를 우선하는' 사고방식이라고 부른다. 이런 사고방식에 매몰된 기업가들은 고객을 우선하는 게 아니라 자기 경험에만 집중한다(그들은 대체로 "야호! 내가 뭔가를 만들어냈어."라며 뿌듯해한다).

- **창업자를 우선하는 사고방식:** 사업 모델을 기획하는 데 집중하고 제품에 집착한다.
- **고객을 우선하는 사고방식:** 고객과의 소통에 집중한다. 고객과의 역동적인 상호작용을 통해, 무언가를 개발하거나 낭비하기 전에 고객이 원하는 대로 제품이나 서비스를 개선한다.

지금까지 한 이야기를 확실하게 정리하기 위해 한 가지 사례를 더 살펴보자. 강아지를 산책시키는 앱을 만들어보자는 아이디어가 떠올랐다. 이 사업 아이디어를 어떻게 사업화할 것인가? 아마 대부분의 기업가 지망생은 다음과 같이 행동할 것이다.

1. 집에서 어떤 앱을 만들지 몇 시간 동안 고민한다(그리고 기가 막힌 이름을 생각해낸다).
2. 사촌에게 100달러를 주고 멋진 로고를 제작한다.
3. 사업자 등록을 한다.
4. 앱과 프로그래밍과 사업에 관한 유튜브 영상을 시청한다. 강아지가 등장하는 영상도 시청한다.
5. 개발자 부트 캠프에 참가할지 고민하다가 곧 코딩이 어렵다는 걸 깨닫는다.
6. 일단 개발자들이 만든 세련된 도메인 이름을 구매한다.
7. 개발자를 고용하려고 업워크Upwork를 검색하다가 개발자 한 명을 고용하는 데 엄청난 돈이 들어간다는 사실을 깨닫는다.

8. 결국 또 사업을 포기한다.

어디선가 많이 들어본 이야기인가? 이게 바로 창업자를 우선하는 사고방식이다. 그러면 강아지 산책 앱 사업 아이디어에 고객을 우선하는 '고객 우선 접근법'을 적용해보자.

1. 강아지를 키우는 지인 세 명에게 곧바로 전화해서 수고비를 주면 강아지를 산책시켜 주겠다고 한다.
2. 그런데 직접 강아지를 산책시키지 못할 사정이 있는 사람은 아무도 없었다. 이야기를 들어보니, 그들은 강아지 산책보다는 장기간 여행을 떠날 때 강아지를 대신 봐줄 사람을 찾기가 쉽지 않다고 했다.
3. 그래서 보증금을 주면 다음에 여행 갈 일이 있을 때 강아지를 대신 돌봐주겠다고 말한다. 그들은 기꺼이 보증금을 낸다. 대박이다!

고객 우선 접근법을 적용했더니 '강아지 산책시키기'가 아닌 '강아지 돌보기'라는 새로운 사업 기회가 나타났다. 그리고 기꺼이 돈을 낼 고객까지 확보했다. 직접 코딩을 배우거나 비싼 값에 프리랜서 개발자를 고용하기도 전에 매출이 발생한 셈이다.

이 접근 방식은 모든 산업과 영역에 적용된다. 우리의 경우 사업이 성장하면서 점점 증가하는 이메일 주소를 관리하는 것이 문제였다. 우리는 팀 페리스와 팻 플린Pat Flynn 같은 잠재 고객에게 연락했고 그들도 같은 문제로 고민하고 있다는 것을 알게 됐다. 우리는 고객 몇몇을 확보한 뒤 우리와 그들의 문제를 해소할 이메일을 수집하고 관리하는 툴을 개발했다.

또 한 가지 사례로 제니퍼 존스의 경우를 들 수 있다. 그녀는 댈러스의 한 초등학교에서 근무하는 교사였고 나의 먼슬리1K 과정을 듣는 수강생이었다. 모두가 그녀가 구워 오는 쿠키를 좋아했다. 그녀는 페이스북에 기념일 쿠키 바구니를 판매한다는 글을 올렸다. 사는 사람이 있었냐고? 너도나도 그녀의 쿠키 바구니를 사려고 했다. 지금 그녀는 이 쿠키 바구니 사업으로 매월 1,000달러 정도를 벌고 있다.

● 제니퍼가 페이스북에 올린 글과 사진

케이크 굽기, 피클 담그기, 양초 만들기 등 제니퍼처럼 손재주가 있다면 친구, 가족, 직장 동료나 교회 지인에게 이메일을 보내서 당신이 만든 것을 홍보해보자. 페이팔 링크도 활용해보고 들어온 주문을 처리해보자.

보라, 이게 바로 잃을 게 하나도 없는 사업이다. 직원을 채용하지도, 사이트를 만들지도, 요리학교에 등록하지도, 전용 주방을 마련하지도 않았다. 이런 일은 나중에 필요시 처리하면 된다. 번 돈은 주문을 처리하는 데 필요한 재료를 사고, 케이크를 굽고, 상자에 포장해서 배송하는데 쓰면 된다.

각각의 사례에서 봤듯이 사업의 출발점은 사업계획을 완벽하게 수립하는 것이 아니다. 잠재 고객에게 먼저 다가가서 그들의 가려운 부분을 파악하고, 그들이 기꺼이 돈을 내고 사용할 제품이나 서비스를 만드는 것이다. 그런데 이런 고객들은 어디서 찾을 수 있을까?

고객은 어디에서 찾을까?

초보 기업가들은 기회를 찾을 때 자주 자신의 영향권 Zone of Influence 을 벗어나곤 한다. 그들은 다른 지역이나 다른 산업에 기회가 있다고 생각한다. 하지만 노련한 기업가들은 자신이 누구인지, 무엇을 아는지, 특히 누구를 아는지를 기준으로 기회를 찾고 만들어낸다.

위에서 언급한 각각의 사례에서 사업 검증 과정은 기업가의 영향력이

미치는 잠재 고객으로부터 시작된다. 그들은 모두 당신의 제품이나 서비스를 돈을 내고 사용할 사람들이다. 당신이 속하거나 관심 있는 집단은 이미 온라인 커뮤니티를 형성하고 있을 것이고, 당신은 그들에게 어떻게 접근해야 하는지 알고 있다.

현재 가치가 수십억 달러에 이르는 세계적인 테크 대기업들은 공식 연혁에는 나오지 않지만 대부분이 개인적인 인맥에서 출발했다. 마크 저커버그는 주말에 친구들에게 이메일을 보내 페이스북을 사용해보라고 권유했고 페이스북 첫 버전이 성공하면서 사업성이 검증됐다.[4] 마이크로소프트는 빌 게이츠가 앨버커키에 있는 한 남성을 위해 소프트웨어를 개발하면서 시작됐다. 즉 그는 '고객을 우선하는' 사고방식을 갖고 있었던 것이다.[5]

사업을 시작하는 창업자는 처음에는 친구, 전 동료, 지인에게 접근해야 한다. 당신은 자신의 사업 아이디어가 유일무이하다고 생각할지도 모르지만 장담하건대 절대로 그렇지 않다. 성공한 모든 사업은 당신의 주변에서, 지인으로부터 시작될 수 있다.

아나히타Anahita는 강아지를 너무나도 좋아했다. 강아지에게 좀 더 건강한 간식을 먹이고 싶었던 그녀는 집에서 직접 만든 유기농 강아지 간식을 갖고 동네 강아지 공원으로 나갔다. 그리고 나갈 때마다 강아지 간식을 모두 팔았다. 1년 뒤 그녀는 '강아지 베이커리'를 의미하는 바커리Barkery라는 이름의 가게를 열었다.

본격적으로 사업 아이디어를 고민하기 전에 당신이 돕고 싶은 사람들에게 쉽게 접근할 수 있는지부터 확인해야 한다. 가장 쉬운 방법은 오스틴의 초보 엄마들, 사이클리스트들, 프리랜서 작가들 그리고 (나처럼) 타코 애호가 등 진정 도움을 주고 싶은 사람들이 모인 집단과 쉽게 접촉할 수 있는 곳을 생각해보는 것이다.

챌린지 06

상위 3위권 집단을 정하라

집중적으로 공략할 집단 1, 2, 3위를 떠올려보자. 기꺼이 돕고 싶고 쉽게 접근할 수 있는 사람들은 누구인가? 이웃, 동료, 같은 종교를 믿는 친구, 골프를 같이 치는 친구, 요리를 함께하는 친구 등 당신의 바로 옆에 있는 사람들일 수 있다.

목표 집단에 대한 이해도가 높을수록 그들의 가려운 곳을 더 잘 긁어줄 수 있다. 그리고 그들의 불편을 해소해줄 해결책이 구체적일수록 더 많이, 더 쉽게 판매할 수 있다(또는 팔고자 하는 제품이나 서비스를 미리 시험해볼 수 있다).

여기서 핵심은 사업을 시작하고 원하는 바를 요구할 때 사람들과의 소통을 중요시해야 한다는 점이다. 부연 설명하면 '사업을 시작한다는 것'은 당신이 고안한 해결책을 고객에게 처음 제시하는 것이고, '원하는 바를 요구한다는 것'은 당신의 해결책이 그들의 불편함을 가장 잘 해소할 수 있다고 설득하고 구매하게 만드는 것이다. 창업의 핵심은 언제나 사람들과의 소통이다!

대부분의 창업가가 제품을 사달라는 불편한 요구를 하지 않아도 되는 완벽한 제품을, 엄청난 연구 끝에, 그것도 혼자 힘으로 만들려고 한다. 물론 이렇게 하면 사업 검증 과정이 훨씬 단축될 것이다. 하지만 우리는 그렇게 하고 싶은 충동을 이겨내는 법을 배워야 한다. 쉽지는 않지만 그만큼 가치가 있다.

문제를 찾아다니는 사람이 되어라

최고 기업가들은 매사가 불만족스럽다. 그래서 그들은 항상 어떻게 하면 상황이 더 나아질지를 고민한다. 즉 당신이 갖고 있는 불만 그리고 다른 사람들이 품고 있는 불만은 훌륭한 사업 기회가 될 수 있다. 위대한 아이디어는 문제를 좇는 사람에게서 나온다. 집에서 겪는 불편한 점, 출퇴근할 때나 인터넷 검색을 할 때 시간이 낭비되는 문제 등 일상에서 불만족스러운 점을 찾아서 분석해보자.

다음은 나를 성가시게 하는 것들이다.

- 간편하면서 건강하고 잠이 확 깨는 아침 식사를 준비할 수 없을까?
- 믿을 만한 청소업체를 쉽게 찾을 수 없을까?
- 연인이랑 근사한 저녁을 먹을 만한 곳이 없을까?
- 다음 물리치료사를 어떻게 찾지?
- 수중의 여윳돈을 투자할 곳이 없을까?

이것들은 내가 오늘 하루 동안 경험한 성가시고 불편한 일들이다. 그런데 이 불편하고 짜증스러운 일을 나는 끝없이 이야기할 수 있다. 이게 바로 핵심이다! 개선될 여지가 있는 것들은 무수히 많다. 이는 초보 기업가들에게 금광이나 마찬가지다. 창업할 때 가장 먼저 밟아야 할 첫 단계는 평소 자신이 불편하다고 느끼거나 불만족스럽게 여겼던 것들을 떠올려보고 상품성 있는 해결책을 고민해보는 것이다(상품성 있는 해결책은 사업 기회라고도 부를 수 있다).

다음은 내 친구 보리스 코르선스키 Boris Korsunsky 가 개인 요리사 서비스의 사업성을 검증할 때 친구들에게 보낸 이메일이다(참고로 보리스는 요리의 '요' 자도 모른다!).

제목: 나 좀 도와주라!

얘들아, 안녕!

내가 근래 불현듯 깨달은 게 있어. 나는 요리할 시간이 없을 정도로 항상

바쁘고, 번듯한 식사를 준비할 시간도 없다는 거야. :(

그래서 친구 몇 명과 내 사업 아이디어 하나를 시험해보고 싶어.

이 이메일을 받았다면 운 좋게 내 간택을 받았다는 거야. :)

편리하게 맛있는 집밥을 즐겨보지 않을래? 단돈 20달러만 내면 개인 요리

사가 준비한 맛있는 요리가 2월 9일 너희 집 앞으로 배달될 거야!

혹시 관심 있으면 페이팔로 20달러 보내줘.

누구나 참여할 수 있고, 피드백은 언제나 환영이야.

그러면 안녕.

보리스 보냄

추신. 못 먹거나 특히 선호하는 음식이 있으면 미리 알려줘. 끝내주는 식사

가 될 거라고 약속해!

보리스는 이 이메일로 다섯 건 이상의 주문을 받았고 이로써 사업 기회가 탄생했다! 주목할 점은 보리스는 자신처럼 요리할 시간이 없는 사람들에게 도움이 될 것이라고 말하며 친구들에게 접근했다는 것이다. 이 얼마나 영특한 녀석인가.

나는 사업에 유용한 앱을 저렴하게 사용할 수가 없어서 앱스모를 만들었다. 그리고 쌓이는 이메일 목록을 관리할 툴이 필요해서 스모미SumoMe를 만들었고, 경쟁사의 서비스를 매달 구독하는 데 신물이 나

서 타이디캘을 만들었다. 이런 식으로 시작한 사업은 더 있다.

이 사업들은 모두 불만에서 시작됐다. 베이 지역에서 소셜 네트워크에 관해 의견을 나눌 좋은 커뮤니티를 찾을 수가 없어서 커뮤니티넥스트CommunityNext를 시작했고, 쓸 만한 게임 내부 결제 서비스가 없어서 갬빗을 시작했다. 그리고 코로나 팬데믹 때 집에서 운동하는 게 너무나 불만이어서 이 또한 사업으로 구상하려고 했다.

이렇게 평소 내가 느끼는 불편을 해결하려고 했던 것이 연간 8,000만 달러를 만들어내는 사업들로 이어졌다. 자랑하려고 이런 말을 하는 게 아니다(그래도 이 이야기를 하니까 기분은 좋다). 이 방식이 간단하지만 효과적이란 걸 강조하고자 내 이야기를 하는 것이다. 당신도 얼마든지 나처럼 할 수 있다.

아이디어가 쏟아진다

자, 그물을 넓게 던져서 사업 아이디어를 건져 올려보자. 그러니까 내 말은, 문제를 찾아보자! 100만 달러짜리 사업 아이디어를 생각하는 과정은 일단 다음과 같은 것은 아니다.

- 틱톡이나 유튜브에서 인플루언서가 하는 말을 일단 실천해본다.
- 기가 막힌 신상품을 만들어낼 완벽한 아이디어에 매몰된다.

- 명상하고, 자신의 열정을 따르고, 브레인스토밍한다.
- 틀에 갇힌 영감을 약속하는 그럴듯한 방법을 따라 한다.

100만 달러짜리 사업 아이디어를 구하는 과정은 실제로 다음과 같다.

1. 사람들이 가진 가장 고통스러워하는(또는 가치 있는) 문제는 무엇인가?
2. 내가 열정과 전문성을 모두 갖고 있거나 둘 중 하나를 가진 분야는 무엇인가?
3. 내가 속해 있고 이해하는 최대 틈새시장은 무엇인가?

간단하지만 가벼우면서도 재미있는 정신노동이 필요한 과정이다. 여기선 자신의 영향권(다시 말해 자신이 속한 기존 커뮤니티)에 집중해야 한다는 걸 기억하자. 당신은 틱톡 팔로워가 150명이고 동네에 타코 마니아들이 200명 있으며 왓츠앱의 산악자전거 클럽에 회원이 300명 있다(서브레딧 r/mountainbiking에 등산가들 18만 9,000명이 모여 있다는 것은 굳이 언급하지 않겠다). 문제를 좇는 사람인 우리가 할 일은 자신이 속한 공동체로 먼저 눈을 돌리는 것이다. 밀리언달러위켄드닷컴MillionDollarWeekend. com에서도 사업 아이디어를 찾는 데 도움이 될 각종 사례들을 확인할 수 있다.

이제 당신의 차례다. 지금부터 소개하는 다음 네 가지 챌린지를 실제로 따라 해보면서 잠재적으로 수익성 있는 사업 아이디어를 최소한 열

개 정도 찾아보자.

1. 자기 문제부터 해결하자

기업가 셰인 히스Shane Heath의 사례를 살펴보자. 히스는 커피 애호가였지만 커피를 마시면 불안하고 초조해지는 게 싫었다. 지인들도 종종 커피를 줄이고 싶다고 했지만 그렇다고 실제로 커피를 끊는 사람은 없었다. 커피보다 더 좋은 음료가 없었기 때문이다!

어느 날 셰인은 인도에 갔고 거기서 마살라 차이를 마시게 됐다. 셰인은 그게 무척 마음에 들었다. 마살라 차이는 맛있었고 소량의 카페인도 함유돼 있었다. 그렇다고 커피를 마실 때처럼 초조하거나 손이 떨리는 것 같지도 않았다. 그래서 그는 마살라 차이에 건강에 좋은 재료를 첨가해 머드워터Mud/Wtr를 만들었다. 커피를 대체할 음료를 찾던 그에게 딱 맞는 음료였다.

셰인은 머드워터를 마시면서 돌아다녔고 사람들은 그가 마시는 게 무엇인지 궁금해했다. 그래서 친구들에게도 머드워터를 만들어줬고 그들은 곧 머드워터에 중독됐다. 셰인은 그저 커피를 마시면 초조해진다는 자신의 문제를 해결하고자 했을 뿐인데 지금 연간 6,000만 달러가 넘는 돈을 벌어들이고 있다!

일부러 문제를 찾아다니다 보면 어느새 습관이 된다. 나에게 주변에서 문제를 찾는 행위는 일종의 게임, 즉 돈이 되는 게임이다. 그래도 어디서부터 시작해야 할지 여전히 막막한가? 그렇다면 다음 네 가지 질문이 도움이 될 것이다.

1. 오늘 아침에 짜증이 났던 일은 무엇인가?
2. 처리하지 못해서 일주일 내내 '해야 할 일 목록'에 적혀 있는 일은 무엇인가?
3. 할 때마다 제대로 해내지 못하는 일은 무엇인가?
4. 최근에 사고 싶었는데 해당 제품이나 서비스를 제공하는 업체가 없다는 걸 알게 된 적이 있는가?

나는 수첩을 갖고 다니면서 불편한 일이 있을 때마다 메모하는 습관이 있다. 다음은 내가 최근에 떠올린 사업 기회 세 가지다.

사람들이 찾는 물건 대신 찾아주기

아이디어 배경: 나는 엄청난 시간을 들여서 차 한 대를 샀다. 1년 정도 걸렸던 것 같다. 인터넷 검색을 하고 차 판매소를 찾아가 시험 운전을 해보는 등 차 한 대를 사는 데 해야 할 일이 엄청나게 많았다. 게다가 내가 어떤 차를 찾고 있는지 듣고 그 조건에 맞춰 조사한 뒤, 나를 대신해 차 판매자와 의견을 조율해서 내게 가장 적합한 차 세 대가 정리된 간략한 제안서를 작성해주는 사람에게 수고비도 줘야 했다.

사업 아이디어: 사람들이 조건을 제시하면 그 조건에 맞춰 그들이 찾는 물건을 찾아 제안한다.

혼자 사는 젊은 남성에게 비대면 인테리어 컨설팅 제공하기

아이디어 배경: 나는 서른 살이 될 때까지 내 집이 없었다. 그리고 나

만의 집이 생긴 뒤에는 이케아에서 가구를 싸게 사서 공간을 채우는 데 급급했다. 모두가 예상했겠지만, 그렇게 사들인 가구는 전혀 조화롭지 않았다. 돈이 있으면 집을 멋지게 꾸미기는 정말로 쉽다. 하지만 예산이 넉넉하지 않으면 집을 예쁘게 꾸미기가 쉽지 않을 뿐 아니라 심지어 불가능하다.

사업 아이디어: 인테리어 디자이너들은 부자들을 위해서 존재한다. 이 사업은 훨씬 더 단순하고 저렴하게 인테리어 컨설팅 서비스를 제공한다. 먼저 내 집을 찍은 사진과 실내를 어떻게 꾸미고 싶은지 간략하게 정리한 문서를 보낸다. 그러면 이 자료를 받은 사람은 고객이 제시한 조건에 맞는 이미지를 핀터레스트Pinterest에서 찾아 정리한 제안서를 보내준다.

취미 활동을 함께 즐길 친구 찾아주기

아이디어 배경: 나는 패들보드를 타고 체육관에서 운동하는 것을 좋아한다. 그런데 함께 취미 활동을 즐길 친구가 마땅치 않다.

사업 아이디어: 밋업Meetup(오프라인 모임을 온라인으로 연결해 이용자들이 본인 관심사와 주제에 알맞은 모임을 선택해서 참가할 수 있도록 지원하는 플랫폼—옮긴이)은 그룹 활동에 유용하다. 그런데 이런 취미 활동을 함께할 수 있는 사람들을 소개해줄 수 있다면 더 좋을 것이다. 요즘 나는 내가 하는 활동을 함께 즐길 수 있는 새로운 친구들을 찾고 있다. 밋업과 유사하지만 좀 더 개인적인 차원에서 사람과 사람을 연결해주는 웹사이트나 소프트웨어가 있으면 좋을 것 같다.

자신의 문제를 해결해보자

앞서 제시한 네 가지 질문에 스스로 답해보고 사업 아이디어를 찾아 노트 나 이 책에 기록해보라.

2. 베스트셀러는 우리의 절친이다

시장에서 잘 팔리는 제품은 무엇일까? 아이패드, 아이폰 등은 잘 팔리는 베스트셀러다. 기본적으로 아마존의 베스트셀러 목록에 올라온 제품은 사업 아이디어를 찾을 때 유용하다. 베스트셀러의 부가 제품을 생각해보면 어떨까? 예를 들면 아이폰을 꾸밀 스티커를 제작하는 것이다. 아니면 베스트셀러를 사용하는 사람들에게 서비스를 제공하면 어떨까? 아이폰 사용자에게 효과적인 사용법을 알려주는 서비스도 생각해볼 수 있다. 특정 제품이나 서비스에 이미 돈을 쓴 많은 사람을 대상으로 제품이나 서비스를 판매하는 것은 그렇지 않은 경우보다 더 쉽다. 베스트셀러를 활용한 몇 가지 사업 아이디어를 예로 들면 다음과 같다.

1. 나이키 운동화 커스터마이징 서비스
2. 엑스박스 게임 튜토리얼 영상 제공
3. 컴퓨터 초보들을 위한 맥북 사용법 강연

이 방법이 사업 아이디어를 생각하는 데 별 도움이 안 된다고 해도 걱정할 것 없다. 이건 연습이란 걸 잊지 말자. 세상에는 무슨 일이든 일어날 수 있다. 지금 머릿속에 떠오르는 형편없고 말도 안 되고 터무니없는 생각을 기록해보자. 자기 생각을 편집하려고 하지 마라. '이런 게 어떻게 사업 아이디어가 되겠어?'라는 생각은 하지 말자. 그저 머릿속에 떠오르는 생각을 죄다 적어보자. 그런 다음에 생각을 정리하면 된다.

챌린지 08

베스트셀러는 예비 창업가의 절친이다

베스트셀러의 부가 제품이나 서비스에 관한 사업 아이디어 두 가지를 생각해보자. 이렇게 100만 달러짜리 주말을 보내며 경험한 일을 노트나 이 책에 기록해보라.

3. 시장으로 가자

사업 아이디어를 찾는 방법 중에서 내가 좋아하는 방법이 있다. 사람들이 '돈을 쓰는' 시장을 조사하는 것이다. 당신의 잠재 고객은 문제를 해결해줄 제품이나 서비스를 찾으려고 벌써부터 여기저기 뛰어다니고 있다! 게시판, 페이스북 게시글, 트위터 메시지, 교회 모임 등 어디에서든 당신의 잠재 고객을 만날 수 있다.

크레이그리스트Craigslist, 엣시Etsy, 페이스북 등 온라인 플랫폼에는 매일 불편함이나 문제를 해소하려는 사람들이 대거 모여든다. 크레이그리스트의 긴급 구인 광고를 보면 돈을 주고서라도 자기를 도와줄 사람을 찾으려는 사람들이 많다. 이베이에서 컴플리티드 리스팅Completed Listings 을 확인해보자. 여기선 어떤 제품이 얼마나 잘 팔렸는지 확인할 수 있다. 그리고 제품의 판매가를 얼마로 잡는 것이 적정한지, 주문량이 전체 시장에서 차지하는 비율이 어느 정도인지도 쉽게 확인할 수 있다.

챌린지 09

시장을 찾자

엣시, 페이스북 마켓플레이스Marketplace, 크레이그리스트, 이베이 같은 사이트를 방문해서 제품이나 서비스 아이디어를 찾아보자.

4. 검색 엔진 쿼리를 이용해보자

사람들이 이미 원하는 것을 파는 게 훨씬 더 쉽다. 매일 구글에서는 30억 건의 검색 작업이 이뤄진다. 이 검색 결과를 잘 활용하면 잠재 고객들의 생각과 욕구를 직접적으로 파악할 수 있다.

잠재 고객들이 무슨 생각을 하는지 파악하려면 역순으로 사람들이 해소되길 바라는 문제가 무엇인지부터 파악하고, 그들이 돈을 내고 기꺼이 사용할 해결책을 고민해야 한다. 최근 출시된 '서치 리스닝 툴'은 이 작업을 훨씬 수월하게 만들어줄 것이다(거의 모든 키 포인트와 관련해 구글에서 가장 많이 검색된 질문과 그 질문에 대한 답변을 찾아주는 앤서더퍼블릭닷컴 AnswerThePubic.com 이 그 예다).

예를 들면 다음과 같은 구체적인 질문을 검색해보자.

- '고양이가 화장실을 사용하도록 훈련하는 방법은 무엇인가요?'
- '최고의 가족 여행지는 어디인가요?'
- '바르셀로나에서 자전거를 빌릴 수 있는 곳은 어디인가요?'

가장 많이 검색된 질문(또는 그 질문에서 빠진 요소)을 찾아서 분석하고 사람들의 요구를 만족시킬 수 있는 제품이나 서비스를 만들 수 있는지 고민해보자. 어떤 질문이 성공적인 사업으로 연결될 가능성이 가장 큰지 파악하고 싶다면 다음과 같이 스스로 질문하고 답해보자. '내가 생각하는 잠재적인 해결책은 비타민(그저 있으면 좋은 것)인가, 아니면 진통제(반드시 있어야 하는 것)인가?'

나는 사업 아이디어를 캐기 위해 레딧을 사용하기도 한다. 서브레딧 r/SomebodyMakeThis에 가보면 사람들이 적극적으로 아이디어를 제시하고 있을 것이다. 그곳에서 사업 아이디어 두 개를 찾아보자.

챌린지 10

검색 엔진 쿼리를 활용하자

검색 엔진에 기록된 질문과 레딧 등의 온라인 커뮤니티에서 사업 아이디어 두 개를 더 찾아보자.

이제 사업 아이디어를 최소한 열 개는 확보했을 것이다. 제1장에서 친구에게 얻은 사업 아이디어를 활용할 수도 있지만 이 장에서 살펴본 것처럼 자신의 문제를 해결할 방안을 고민하고, 베스트셀러의 부가 제품이나 서비스를 생각해보고, 시장을 조사하고, 검색 엔진 쿼리를 분석해서 사업 아이디어를 찾아보자. 그리고 이렇게 찾은 사업 아이디어 열 개를 아래에 적어보자.

1. _____

2. _____

3. _____

4. _____

5. _____

6. _____

7. _____

8. _____

9. _____

10. _____

그러면 이제 이 열 개 중에서 최고의 아이디어 세 개를 선택해보자. 기억하라. 완벽한 아이디어란 없다. 앱스모는 웹 툴을 번들로 판매해보자는 사업 아이디어에서 출발해 3년 뒤 개인 간 거래를 중개하는 사업으로, 주문형 소프트웨어를 개발하는 사업으로, 강의를 제공하는 사업으로 진화했다. 이렇게 아이디어는 시간이 흐르면서 진화하고, 진화한 아이디어 모두가 또 다른 사업으로 연결될 수 있다.

지금부터 우리가 할 일은 사업 아이디어 목록을 보면서 영 내키지 않는 것들을 하나씩 제거해나가는 것이다. 그러다 보면 "나! 나! 나!"라며 소리를 지르는, 눈에 띄는 사업 아이디어 세 개가 보일 것이다. 그러면 당신이 할 일은 끝났다.

하지만 마음에 드는 아이디어 세 개를 선뜻 결정하기 어렵다면, 사업화하기 가장 쉽고 당신이(이상적으로는 잠재 고객이) 기꺼이 돈을 내고 그 아이디어에서 파생된 제품이나 서비스를 이용할 거라고 생각되는 것을 선택하자.

이제 다 됐다! 선택한 사업 아이디어가 형편없다거나 사업화하기 너무 어려울까 봐 걱정할 필요는 없다. 중요한 건 사업 아이디어를 찾고 평가하고 검증하는 것이다. 다음 장에서는 눈앞의 사업 아이디어가 100만 달러의 기회로 이어질지 판단하는 방법을 살펴보도록 하자.

제4장

1분 사업 모델 수립하기

· · ·

아이디어를 100만 달러짜리 기회로 다듬어보자

"좋습니다! 제가 해내는 것을 지켜보세요!"

내가 말했다. 먼슬리1K 수강생들은 걱정이 태산이었는데, 아직 1,000달러 매출을 올린 수강생이 단 한 명도 없었기 때문이다. 그들은 창업한다는 생각에 들떠 있었지만 실제로 판매할 시간이 다가오자 겁먹고 움츠러들었다. 나는 이게 무서워할 일이 아니란 걸 보여주고 싶었다.

"그럼 제가 사업 아이디어 하나를 생각해서 이번 주에 1,000달러를 벌어올게요."

하지만 수강생들은 여전히 고개를 저었다. 수강생 대표인 마르코가 손을 들고 말했다.

"우린 강사님을 정말 존경해요. 하지만 일주일은 긴 시간이에요. 강사님 같은 사람에겐 일주일 안에 돈을 버는 일이 아주 쉽겠죠. 24시간 어떠신가요? 그리고 우리가 강사님에게 사업 아이디어를 정해드릴게요."

모두가 그의 말에 동의하는 듯이 고개를 끄덕였다. 나는 그들의 도발에 웃음이 났다.

"좋습니다. 한번 해보죠."

우리는 이렇게 합의했다. 나는 수강생들이 제안한 사업 아이디어 중에서 하나를 선택해 사업을 시작한다. 하지만 홍보에 앱스모 네트워크와 기존의 이메일 주소록을 사용하지 않는다. 소셜미디어에 팔로워가 거의 없는 사람처럼 사업을 시작해야 했다.

5분 뒤에 온갖 사업 아이디어가 쏟아졌다. 수강생들이 제안한 아이디어 중에서 가장 흥미로운 아이디어 세 개는 레모네이드, 살사, 육포였다.[1] 나는 레모네이드를 좋아한다. 또 살사도 굉장히 좋아한다. 하지만 육포는 '사랑한다.' 무엇보다 육포에 대해 잘 알고 있었다. 나는 육포를 사 먹는 데 매달 50달러 정도를 쓰고 있었고, 건강에 관심이 있는 사람이면 그 정도의 돈을 주고 육포를 사 먹을 것이라고 생각했다.

나는 그들도 나처럼 다른 맛과 다른 브랜드의 육포를 찾는 데 애를 먹으리라 생각했다. 거의 매달 육포 장인 수십 명이 나타나서 새로운 제품을 내놓았지만 우리 육포 애호가들의 욕구를 충족시키기는 쉽지 않다. 그래서 나는 육포 시장이 수백만 달러 시장으로 성장할 것으로 생각했다. 그래도 좀 떨렸다. 과연 기존 자원을 활용하지 않고 오로지 육포로만 24시간 안에 1,000달러를 벌 수 있을까?

이제 두 장에 걸쳐 이 육포 실험을 소개하고자 한다. 이것은 100만 달러짜리 사업을 만들어내는 비결로, 나는 이 육포 사업을 2년 뒤 12만 달러를 벌어들이는 사업으로 키워냈다(육포 사업을 계속했다면 수백만 달러를 벌 수도 있었을 것이다. 하지만 나는 새로운 사업에 도전해서 실험을 계속하고 싶었다).

이번 장에서는 당신의 스타트업이 100만 달러짜리 사업으로 성장할 잠재력이 있는지 검증하는 과정을 살펴볼 것이다. 이 과정은 세 단계로 구성되어 있고, 일이 잘 돌아가지 않을 때 사업 모델을 피버팅(농구에서 한 발을 고정축으로 고정해놓고 다른 발을 움직여 방향을 전환하는 행위로, 스타트업에서 사업 방향 전환을 의미한다. ─옮긴이)하는 과정도 포함돼 있다 (참고로 나는 육포 실험을 시작한 지 12시간 만에 피버팅을 시도해야 했다).

지금부터 다음 질문에 대한 답을 찾아볼 것이다.

1. **이것은 100만 달러를 벌 사업 기회인가?** 이 질문에 대한 답을 구하려면 시장을 조사하고 분석해야 한다.

2. **나의 사업 모델은 무엇인가?** 매출, 비용과 이익을 간략하게 정리해서 간단하게 예산을 짜보면 100만 달러를 벌려면 얼마에 몇 개를 팔아야 할지 알 수 있다.

3. **사업이 생각했던 대로 진행되지 않으면 어떻게 해야 할까?** 이런 경우에는 피버팅을 통해 사업 방향을 전환하고 사업 모델을 진화시켜야 한다. 고객이 제공한 피드백을 이용해 사업을 구성하는 변수(가격정책, 사업 모델, 제품이나 서비스, 사업

분야 등)를 조정해서 더 크고 효과적인 사업 모델로 진화시켜야 한다.

성공할 것이라고 믿는 아이디어를 사업화하는 데 필요한 자원은 제한되어 있다. 그래서 어떤 식으로든 열심히 일해야 한다면 성공할 가능성이 큰 아이디어에 집중하는 편이 낫다. 이번 장에선 성공할 가능성이 있는 사업 아이디어에 전략적으로 접근하는 방법을 살펴볼 것이다. 지금부터 제3장에서 선정한 사업 아이디어 세 개 중 사업 모델이 탄탄하고 성장 잠재력이 가득한 시장과 연관된 사업 아이디어 한 개를 선택해 다음 과정을 밟아보자.

1단계: 100만 달러의 가치를 지닌 고객을 찾아라

자, 이제 당신은 서퍼다. 지금부터 서핑 보드를 팔아보자. 시장은 바다에 출렁이는 파도로, 파도가 성공을 결정하는 가장 중요한 요소다. 아무리 좋은 서핑 보드가 있고 실력 뛰어난 서퍼라도 올라탈 '좋은 파도'가 없으면 이 사업은 실패할 수밖에 없다. 조류까지 읽을 수 있다면 이상적이겠지만 일단 서핑할 수 있는 적당한 크기의 파도가 있어야 한다.

여기서 좋은 파도를 찾는 것이 '떠오르는 신기술 시장'에 올라타야 한다는 의미는 아니다. 어디서든 올라타기에 기가 막히게 좋은 파도를 찾을 수 있다. 제품이나 서비스가 제대로 공급되지 않은 잔디 관리 시장에 참여했다면 조경이 '사업을 성공으로 이끌 거대한 파도'가 된다. 정말 이다!

뉴욕에서 대신 줄을 서주는 서비스를 제공하는 로버트 새뮤얼Robert Samuel의 사례를 살펴보자. AT&T의 고객 서비스 부서에서 일했던 새뮤얼은 새로운 아이폰이 출시될 때마다 매장 앞에 사람들이 길게 줄을 서는 모습을 지켜봤다. 이후 2012년에 그는 크레이그리스트에 광고를 게재했다. 돈을 주고 대신 줄을 서줄 사람을 고용할 사람이 있을지 확인하고 싶었던 것이다. 그는 15시간 동안 대신 줄을 서주고 325달러를 벌었다. 그리고 나서 이 사업 아이디어가 성공하는 데 필요한 파도, 즉 시장이 존재한다고 확신했다.

새뮤얼은 '대신 줄 서 드립니다'Same Ole Line Dudes, SOLD 라는 이름으로 사업을 시작했고 현재 고용 인원은 30명이다.[2] 그리고 스니커즈 신상품을 사는 것부터 교통국에 가서 업무를 처리하고 신상 아이폰을 구입하는 것까지 줄을 서야 하는 곳이라면 어디든지 서비스를 제공한다. 이 '대신 줄 서주는 서비스'의 기본료는 두 시간 동안 50달러이고 한 시간 추가될 때마다 25달러를 부과한다.[3] 새뮤얼은 이 사업으로 연간 8만 달러의 순수익을 얻고 있다.[4]

이처럼 특별한 기술이 없어도 우리가 진출해서 사업을 시작할 수 있는 시장은 무수히 많다. 코디 샌체즈Codie Sanchez 는 자동판매기 운영업과 레저용 자동차 임대업 같은 이른바 '지루한 사업'을 시작하고 운영하는 방법을 사람들에게 가르쳐주면서 100만 명이 넘는 소셜미디어 팔로워를 확보했다.[5]

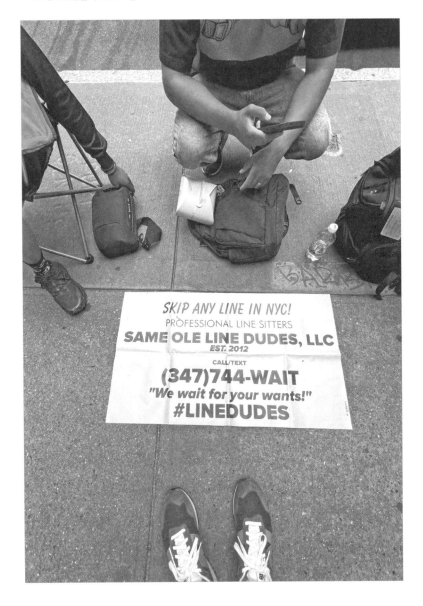

좋은 시장은 '멋'과는 아무 상관 없다. 그보다는 시장에 고객이 있느냐가 중요하다. 내가 여기서 하고 싶은 말은 멋있다고 생각되는 제품이나 서비스를 소비한 수요를 직접 창출하는 것이 아니라 기존의 수요를 찾고 충족시키는 것이 예비 기업가로서 우리의 역할이란 것이다. 이 세상에서 절대적으로 최고라 할 수 있는, 최고인 것 같은 아이디어가 있더라도 수요가 없으면 매출은 발생하지 않는다.

당신의 제품이나 서비스가 필요하다고 사람들을 설득하는 데 힘을 쏟고 싶지는 않을 것이다. 좀 사달라고 애걸복걸하고 싶지도 않을 것이다. 타코 가게를 열 때 우리가 원하는 것은 가게 앞에서 기다리는 굶주린 군중이다.

내 인생을 되돌아보면 엄청난 모멘텀을 지닌, 이제 막 성장하기 시작하는 거대한 시장을 찾아서 도전했던 것이 내가 성공할 수 있었던 비결 같다. 나는 새로운 사업을 구상할 때 이런 시장을 찾는 것을 최우선으로 여긴다.

페이스북을 생각해보자. 페이스북은 처음에는 온라인 세상에서 자유롭게 인간관계를 맺길 원하는 대학생들에게 서비스를 제공했다. 민트는 어땠을까? 돈을 더 많이 저축하고 버는 데 유용한 무료 금융 툴을 원하는 수많은 사람을 공략했다. 킥플립을 살펴보자. 페이스북과 아이폰은 자사 플랫폼을 개방해 외부에서 개발된 앱과 게임을 받아들였고, 이로써 게임 개발자들에게 기회를 제공하는 큰 시장이 됐다.

그렇다면 갬빗은 어땠을까? 온라인 게임이 출시될 때마다 결제 옵션이 필요했다. 그리고 기업가를 꿈꾸는 사람들이 늘어나면서 더 많은 사람이 창업할 수 있도록 돕자는 생각에 나는 앱스모를 만들었다. 앱스모를 시작했을 때 홍보할 만한 소프트웨어 툴은 고작 20개 정도였다. 하지만 10여 년의 세월이 흐르면서 소프트웨어를 사고 만드는 시장이 폭발적으로 성장했다. 덕분에 나는 앱스모를 연간 8,000만 달러의 가치를 창출하는 사업으로 쉽게 키워낼 수 있었다.

물론 쉽지만은 않다. 자신의 매출 자료를 공개하는 개인사업자들은 그렇게 많지 않다. 하지만 좋은 파도 위에서 서핑하는 법, 다시 말해서 수요가 충분한 시장을 찾아서 사업을 시작할 길은 무궁무진하다.

공식이 있냐고?

물론 있다. 바로 100만 달러짜리 사업을 하려면 100만 달러를 벌 기회가 필요하다는 것이다. 사업으로 100만 달러를 버는 건 이렇게나 간단한 일이다. 문제는 100만 달러를 벌 기회를 어떻게 찾느냐는 것이다. 기업가 지망생들은 대부분 이런 기회를 찾으려면 스프레드시트로 계산하고 시장 조사를 방대하게 진행해야 한다고 생각한다. 하지만 이는 집중을 방해할 뿐이다. 지금부터 100만 달러를 벌 기회를 찾는 더 좋은 방법을 알려주겠다.

시장에서 사업 기회를 찾는 연습을 해보자. 예를 들어 당신에게 수염이 있거나 수염이 있는 누군가를 사랑한다고 가정해보자. 여기서 문제는 '수염이 따갑다'는 것이다! 세계 최고의 수염 오일을 파는 사업을 구상하며 몇 개월을 허비하기 전에 과연 이 아이디어로 100만 달러를 벌 수 있는지 그 가능성부터 검토해보자. 100만 달러를 벌 기회인지 판단하는 데 반드시 고민해봐야 할 핵심 질문 두 가지가 있다.

1. 제반 시장이 고사하거나 횡보하거나 성장하는가? 횡보하거나 이상적으로 성장하는 시장이 좋다.

2. 잠재 고객의 수는 얼마나 되는가? 제품(수염 오일)의 가격은 어느 정도로 예상하는가?

나라면 제일 먼저 수염 오일을 사고자 하는 고객이 충분한지부터 확인할 것이다. 시장 규모는 어떤 사업이든지 그 사업이 지닌 잠재력을 신속하게 이해하는 데 가장 중요한 요소다. 나는 이 두 가지 질문에 답하기 위해 구글 트렌드와 페이스북 애드를 이용한다. 구글 트렌드와 페이스북 애드는 목표 시장의 크기와 성장 잠재력을 평가하는 데 유용한 툴이다.

물론 이 두 가지 말고도 다른 툴을 이용할 수 있다. 그보다 중요한 건 다음 질문에 답해보면서 자신이 목표하는 시장이 얼마나 큰지, 어떻게 성장하고 있는지 확인하는 것이다.

1. 목표 시장은 성장하고 있는가, 죽어가고 있는가?

구글 트렌드Google Trends에서 '수염'과 '수염 관리'를 검색해본다. 그리고 연관 검색어('헤어컷', '면도기' 등)와 검색 빈도가 어느 정도인지 비교한 다음, 지난 몇 달 그리고 몇 년 동안의 변화를 살핀다. 구글 트렌드를 사용하면 연관 검색어의 검색 빈도가 우상향하는지 그래프로 확인해볼 수 있다.

**100만 달러짜리
사업을 하려면
100만 달러를
벌 기회가 필요하다.**

● '수염'과 연관 검색어의 검색 빈도를 보여주는 구글 트렌드 그래프

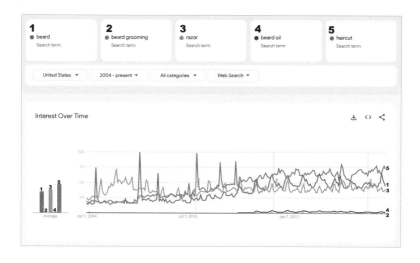

'수염'과 연관 검색어의 검색 빈도를 보여주는 구글 트렌드 그래프

2. 잠재 고객은 얼마나 되는가?

시장 규모를 조사할 때 페이스북 애드를 사용하길 추천한다. 거의 전 세계 사람들이 페이스북을 사용하기 때문에 여기서 머릿속에 떠오르는 사업 분야를 검색하면 잠재 고객의 대략적인 규모를 알 수 있다. 게다가 페이스북 애드 라이브러리를 이용하면 당신의 검색어와 위치와 관련된 활성화된 페이스북 광고를 모두 확인할 수 있다. 이는 경쟁 업체를 파악하고 마케팅 전략을 수립하는 데 아주 유용하다.

페이스북 애드에서 '수염'을 검색해보면 미국에서 수염에 관심 있는 사람이 대략 1,600만~1,900만 명 정도임을 알 수 있다. 이 정도면 나쁘지 않은 수치다. 그렇다면 '수염 오일'은 어떨까? 대략 250만 명이 수

염 오일을 검색하거나 관심이 있는 것으로 나타난다. 이 정도면 대박이다! 이제 구글 트렌드와 페이스북 애드를 사용해 아이디어를 좀 더 구체적으로 분석해볼 수 있다. 예를 들어 수염 오일과 관련해 타깃으로 삼을 수 있는 다른 집단을 생각해보자.

- 지역 주민: 같은 지역에 수염을 기르는 사람들
- 틈새시장: 인그로운 헤어ingrown hair로 고민하는 사람들
- 인구통계: 수염을 기르는 흑인들

2단계: 정말로 100만 달러를 벌 기회인가?

대학생 시절, 내가 할인카드 사업을 시작했을 때 학생 수는 2만 5,000명

이 조금 넘는 수준이었다. 나는 할인카드를 개당 10달러에 팔 수 있다고 자신했다. 만일 모든 학생이 할인카드를 산다고 가정하면 수익은 25만 달러였다. 그리고 캘리포니아주에 있는 모든 주요 대학으로 사업을 확장하면 잠재 고객은 100만여 명에 이를 것이었다. 그러면 할인카드 사업으로 100만 달러는 쉽게 벌 수 있다. 여기서 고려해야 할 핵심은 이것이다.

- 잠재 고객에게 이상적으로 여겨질 기준 소매 가격을 결정한다.
- 기준 소매 가격과 잠재 고객 수를 곱한다.
- 결과값이 100만 달러에 근접하는가?

이 얼마나 간단한가! 이 내용을 수염 오일 사업에 접목해보자.

- 구글 트렌드: 소폭으로 상승하는 횡보 시장
- 시장 규모: 잠재 고객 250만 명
- 제품 가격: 50달러
- 총가치: 1억 2,500만 달러
- 100만 달러를 벌 아이디어인가? 그렇다!

자, 여기에 100만 달러를 벌 기회인지 평가하는 매우 간단한 방법이 있다. 기업가 지망생이 되어 정확한 수익을 계산하거나 최적의 기준 소매 가격을 구하는 데 시간을 낭비하지 말자. 그저 이 아이디어가 100만 달러를 벌어줄 사업으로 이어질 가능성이 있는지만 아주 빨리 확인하면 된다. 다른 사례를 몇 가지 더 살펴보자. 예를 들어 홈 오피스를 만들어 주는 아이디어는 다음과 같이 조사해볼 수 있다.

- 구글 트렌드: 대폭 상승하는 시장
- 시장 규모: 잠재 고객 5만 명
- 제품 가격: 500달러
- 총가치: 2,500만 달러
- 100만 달러를 벌 아이디어인가? 그렇다!

유명 뮤지션인 DJ 칼리드Khaled 는 "한 곡 더!"라는 말을 자주 사용하는데 우리도 여기서 사업 아이디어를 '하나 더' 살펴보자. 아마 우리가 떠올린 모든 아이디어가 100만 달러를 벌 사업으로 이어지지 않는다는 사실을 알게 될 것이다. 한 예로, 베트남 쌀국수 육수를 제공하는 정기 배달 서비스를 살펴보자.

- 구글 트렌드: 흥미를 느낀 사람이 소수이고 상승세가 거의 없는 시장
- 시장 규모: 잠재 고객 1,000명
- 제품 가격: 20달러
- 총가치: 2만 달러
- 100만 달러를 벌 아이디어인가? 아니다.

베트남 쌀국수를 좋아해 집에서 만든 육수를 배달하는 사업을 생각했다면 미안한 결과다. 하지만 그저 수요가 충분하지 않다는 이유로 도전을 포기할 필요는 없다. 이 아이디어는 본인의 적성에 맞는 아주 재미있는 사업이 될 수 있다. 다만 100만 달러를 벌 사업이 되기가 어려울 뿐이다.

그러면 다음 네 가지 사례를 비교해보자.

데이터/사업 아이디어	홈 오피스 사업	논알코올 음료 구독 사업	베트남 쌀국수 육수 사업	크립토 세금 사업
구글 트렌드	대폭 상승	대폭 상승	상승	급상승
시장 규모	5만 명	5만 명	1,000명	5만 명
비용	500달러	200달러	20달러	250달러
시장 기회	**2,500만 달러**	**1,000만 달러**	**2만 달러**	**1,250만 달러**
사업화 가치	**있음**	**있음**	**없음**	**있음**

여기서는 사업 아이디어가 실제로 사업화할 가치가 있는지 알고 싶을 뿐이다. 자신이 선택한 아이디어가 사업화할 가치가 있는 아이디어임을 확인했다면 이제 사업으로 발전시켜 100만 달러를 벌어들이는 방법을 알아보자. 지금부터는 '1분 사업 모델'을 사용할 것이다.

3단계: 1분 사업 모델을 활용한다

많은 사람이 내게 자신의 사업계획을 검토해달라고 요청한다. 이런 요청을 받을 때면 나는 항상 "당신의 사업계획은 돈을 버는 겁니다!"라고 조언한다. 현실적으로 목표 시장의 5~10퍼센트를 차지하는 것은 불가능하다. 하지만 목표 시장에서 100만 달러를 벌려면 무엇을 해야 하는지는 살펴볼 수 있다.

매출에서 비용을 빼면 이익이 나온다. 이 공식이 사업을 시작하고 처음으로 100만 달러를 벌 수 있을지 없을지를 결정한다.

매출(벌어들인 돈) **−** **비용**(벌기 위해 쓴 돈) **=** **이익**(집에 가져갈 돈)

이것은 기초 중의 기초지만 핵심이다. 100만 달러를 벌 수 있는지는 매출에 비용을 차감한 이익을 확인해보면 된다. 실제로 간단한 숫자를 공식에 대입해보자. 수염 오일 사업 아이디어를 예로 들면 다음과 같다.

수염 오일 판매가	개당 50달러
수염 오일 생산·포장·배송 비용	37달러 50센트
개당 이익	**12달러 50센트**

광고비는 얼마나 들지, 최적가는 어떻게 책정할지, 제조업체는 어딜 선택할지, 잠재 고객이 모두 매력적인 수염을 갖고 있다면 어떻게 해야 할지 등 온갖 걱정이 몰려올 것이다. 나도 다 안다. 우리가 사업을 시작하기 전에 지나치게 많이 걱정하는 건 두려움 때문이다. 여기서 우리는 대략적인 견적을 얻고자 한다. 모멘텀은 우리의 친구이고 나중에 세부적인 요소를 꼼꼼하게 검토할 수 있다. 그러니 지금은 현재의 사업 아이디어가 성장 잠재력이 있는지를 판단하는 데 집중하도록 하자.

제품을 팔 때마다 이익으로 12달러 50센트를 얻는다면 제품 몇 개를 팔아야 100만 달러를 이익으로 벌 수 있는지 계산하기는 쉽다. 그저 목표 이익을 개당 판매 이익으로 나누면 된다.

목표 이익	100만 달러
개당 판매 이익	12달러 50센트
필요한 총판매량	**8만 개**

물론 8만 개를 파는 것은 무척 어려운 일이다. 하지만 다음을 생각해 보면 그렇게 어려운 일도 아니다.

- 이 시장 규모는 페이스북에서만 확인한 것이다.
- 이는 수염 오일이라는 한 제품의 분석 결과다. 수염 오일로 성공하면 다른 미용 제품 아이디어에 이 과정을 적용해 사업성

을 검토해볼 수 있다.

- 8만 개는 최초로 고객에게 팔아야 하는 제품 개수다. 일단 제품을 팔기 시작하면 신규 고객보다 기존 고객에게 제품을 재판매하는 게 훨씬 쉽다. 따라서 고객층이 형성되면 더 많은 제품을 기존 고객에게 판매할 수 있다.
- 게다가 고객당 판매량을 높이기 위해 정기 배달 서비스를 시작할 수도 있다.

이렇게 검토하고 보니 진짜 100만 달러를 벌 사업 아이디어인 듯하다. 실제로 지금까지 살펴본 과정대로 비어드브랜드닷컴Beardbrand.com을 개설하고 수염 미용 제품을 판매해 수백만 달러를 버는 회사를 키워낸 친구가 있다.

물론 이렇게 사업 아이디어를 검토하고 사업화하는 것이 간단한 일은 아니다. 때로는 이런저런 수치를 검토하다가 구상하는 사업에서 몇몇 요소를 다시 생각해봐야 한다는 사실을 깨닫기도 한다. 앞서 수강생들이 내게 제시한 육포 사업이 그랬다.

수강생들이 준 챌린지를 받고서 나는 약 3분 동안 이 사업을 '스모 저키'Sumo Jerky 라고 부를까 고민했다. 이미 모두가 노아스저크닷컴noahsajerk.com 을 거부했던 상황이었다. 나는 동료 앤톤과 '천국의 계단'이라 불리는 운동기구 스테어마스터를 타면서, 육포 사업은 내일 아침에도 당장 시작해서 성공할 수 있는 아주 쉬운 사업이라고 말했다.

"이건 식은 죽 먹기나 다름없어. 육포는 건강식이야. 그리고 인기도 많잖아."

하지만 불과 몇 시간 뒤 자정 무렵이 되어 침대에 눕자 잠 대신 불안감이 밀려왔다.

'고작 24시간밖에 없어! 실패하면 진짜 부끄러워서 고개도 못 들고 다닐 거야!'

나는 침대를 박차고 나와서 수치를 다시 살폈다. 1분 사업 모델을 보니 사업 모델을 피버팅할 필요가 있었다. 1분 사업 모델이 나를 살려준 셈이었다. 나는 한 달 치 육포를 20달러에 팔려고 계획했다. 나라면 한 달에 이 정도는 지불할 합리적인 가격이라고 생각했기 때문이다. 하지만 인터넷 검색을 몇 번 해본 뒤 육포를 확보하는 데 주문 한 건당 10달러가 들고 배송비가 약 5달러 든다는 것을 확인했다.

육포 1봉지	20달러
육포 수급·포장·배달 비용	15달러
이익	**5달러**

그러면 다음과 같은 결과가 나온다.

목표 이익	1,000달러
판매 개당 이익	5달러
필요한 총판매량	**200개**

24시간 안에 육포 200봉지를 팔아야 한다고?! 맙소사, 짧은 시간 안에 팔아야 할 육포가 너무 많다. 주어진 시간 안에 목표 판매량을 달성할 수 없다는 것을 깨닫고 나는 사업 방향을 수정하고자 다시 칠판 앞에 섰다. 이때 내 콘퍼런스 사업인 커뮤니티넥스트CommunityNext가 불현듯 머릿속에 떠올랐다.

나는 개인에게 콘퍼런스 티켓을 판매하면서 이 사업을 시작했다. 그런데 이 티켓을 한 장씩 파느라 엄청나게 고생했다. '그냥 기업에 콘퍼런스 후원 패키지를 통째로 판매하고 그 기업이 직원이나 고객에게 콘퍼런스 티켓을 나눠 준다면 더 많은 돈을 벌 수 있을 텐데'라는 생각이 불현듯 떠올랐었다. 그래서 이번 육포 사업에서는 바로 이 사업 모델을 적용해보자고 생각했다.

거래당 규모를 키울 방법은 무엇일까? 정기 배달 서비스를 도입해보면 어떨까? 정기 배달 서비스를 도입해서 팔면 목표 판매량은 급격하게 줄어들 것이었다. 사람들이 모두 3개월 동안 육포를 배달해서 먹는 정기 배달 서비스에 가입한다면 67명의 고객만 확보하면 목표 이익을 달성할 수 있다. 그리고 육포를 배달받아서 먹는 기간이 6개월인 정기 배달 서비스를 제공하면 목표 이익을 달성하기 위해 확보해야 할 고객 수는 33명으로 줄어들었다.

더불어 스낵을 취급하는 기업에 육포 정기 배달 서비스를 팔면 가용 예산이 더 큰 고객을 더 쉽게 찾을 수 있다고 생각했다. 내 주변에는 육포를 사서 직원들에게 나눠 주거나 내게 회사 책임자를 소개해줄 수 있는 가까운 친구들이 많이 있었다.

사업을 시작할 때 이 사실을 항상 고민해봐야 한다. 고객이 필요할 때 여기저기서 살 수 있어서 한 번의 거래로 고객과의 관계가 끝날 수도 있는 사업 모델인가? 아니면 월 단위로 고객과의 거래가 다시 일어나는 사업 모델인가?

알다시피 수강생들은 내게 24시간이라는 도전 과제를 완수할 시간을 줬지만 시간은 빠르게 흘러갔다. 자, 이다음에 무슨 일이 일어났을까?

4단계: 피버팅하고 진화하라

성공적인 사업은 거의 모두가 도중에 궤도를 변경했다. 애초에 목표 시장을 잘못 설정했거나 알고 봤더니 사람들이 사업 모델을 구성하는 한 요소만을 원했거나 하는 경우다. 그러니 눈을 크게 뜨고 주변에 있는 기회들을 놓쳐선 안 된다.

나의 경우 목표를 달성하는 가장 쉬운 방법은 장기적인 정기 배달 서비스를 기업체에 판매해서 평균주문금액Average Order Value 을 높이는 것이었다. 그래서 나는 1분 사업 모델을 다음과 같이 바꿨다.

6개월 정기 배달 서비스	120달러
육포 가격	60달러
배달 비용	30달러
판매 건당 이익	30달러

목표를 달성하는 데(목표 이익 1,000달러/판매 건당 이익 30달러) 33명의 고객만 확보하면 됐다. 200명에게 육포를 팔아야 하는 것보다 더 도전해볼 만한 목표치였다! 나는 수익 눈금판Revenue Dials 을 수정해 스모 저키가 수익을 낼 수 있도록 했다. 다음은 우리가 사업 방향을 피버팅할 때 이용할 수 있는 수익 눈금판 여섯 가지다.

1. **평균주문금액:** 고객의 주문량을 높인다.
2. **빈도:** 고객이 제품이나 서비스를 구입하는 횟수, 즉 구매 빈도를 높인다.
3. **단가:** 전체 매출을 조정하기 위해서 단가는 높이거나 낮춘다.
4. **고객 유형:** 더 부유한 혹은 더 고소득인 고객층에 접근한다.
5. **제품 라인:** 처음부터 제품이나 서비스가 더 매력적으로 여겨지도록 추가 제품이나 서비스를 제공한다.
6. **부가 서비스:** 만약 쿠키를 판다면 생일 축하 파티를 준비하거나 고객의 집에서 쿠키를 직접 구워주는 서비스를 제공할 수 있지 않을까?

이와 같은 피버팅 사례로, 앱스모는 처음에 실리콘밸리에 있는 스타트업들을 대상으로 번들 소프트웨어를 제공했지만 마케팅 회사에 필요한 소프트웨어를 개별로 파는 쪽으로 사업 방향을 변경했다. 갬빗은 페이스북에서 스포츠 게임을 만드는 사업에서 출발했지만 소셜 게임 결제 서비스에서 진짜 기회를 찾아냈다. 샘 파Sam Parr는 '더 허슬' thehustle.co을 설립해 라이브 행사를 진행하다가 행사를 홍보할 때 사용하던 뉴스레터에 집중했다. 그런데 흥미롭게도 이 뉴스레터 사업이 허브스폿HubSpot에 몇천만 달러에 팔렸다.

아이디어를 평가하고 비교해보자

이번 장에서 제시한 1분 사업 모델을 전부 이해했는가? 그렇다면 지금부터 당신이 구상하고 있는 사업 아이디어가 과연 100만 달러를 벌 기회인지 확인해보도록 하자.

자, 어떤 사업 아이디어부터 살펴볼까? 사업 아이디어를 적은 목록에서 제일 위에 적힌 것부터 살펴보자! 어떤 아이디어는 선택하고 어떤 아이디어는 선택하지 않기가 쉽지 않을 것이다. 그리고 선택한 아이디어를 기준으로 고객을 확보하기도 어렵다. 우리는 바로 이 부분에 제일 먼저 집중할 것이다.

여기서 진짜 목표는 특별한 아이디어를 찾는 것보다는 나중에 아이디어의 사업성을 입증하기 전에 시장 규모를 확인하는 것이다. 첫 번째 아이디어가 100만 달러를 벌 기회로 확인된다면 이보다 더 좋은 일은 없다. 그러면 다음 장으로 곧장 넘어가도 좋다.

하지만 첫 번째 아이디어로 100만 달러를 벌기 어렵다는 판단이 서면 다음 아이디어로 넘어가 똑같은 과정을 거쳐서 그것이 100만 달러를 벌 기회가 될지를 평가해야 한다. 최고의 아이디어를 찾겠다고 괜히 엉뚱한 곳에 시간을 낭비하지 말길 바란다. 정리하면 다음과 같다.

1. 사업 아이디어 하나를 선택한다.
2. 100만 달러를 벌 기회가 될지 검토한다.
3. 사업화했을 때 얻을 이익을 확인한다.

여전히 막막하고 첫 번째 아이디어를 덥석 선택하고 싶지 않다면 자신이 가장 큰 흥미를 느끼는 문제에서 출발해도 좋다.

내가 선택한 아이디어는 _____ 이다.

아이디어를 선택했다면 시장 규모를 살펴보자.

데이터/사업 아이디어	홈 오피스 사업	내가 선택한 아이디어
구글 트렌드	대폭 상승	
시장 규모	5만 명	
비용	500달러	

시장 기회	2,500만 달러	
사업화 가치	있음	

사업화할 가치가 있는 아이디어로 확인됐다면 이제 진짜로 수익성이 있는지 확인해보자. 이 아이디어를 사업화했을 때 얻을 이익을 계산해보자.

	홈 오피스 사업	내가 선택한 아이디어
가격	500달러	
비용	25달러	
이익	475달러	

그런 다음에는 사업을 실제로 시작했을 때 얼마나 팔아야 100만 달러를 벌 수 있는지 살펴보자.

	홈 오피스 사업	내가 선택한 아이디어
목표 이익	100만 달러	
판매 개당 이익	475달러	
필요한 총판매량	2,105개	

무려 2,105개를 팔아야 한다는 것은 과도한 목표인 듯하다. 홈 오피스에 관심 있는 사람이 적다면 이 목표를 달성하긴 쉽지 않을 것이다. 그래도 이 사업을 시작한다면 방향을 피버팅해야 한다.

1분 사업 모델로 아이디어의 사업성을 검토하는 과정은 성공 가능성이 거의 없는 아이디어에 매달리는 데 시간을 허비하지 않도록 도와줄 것이다. 이 과정을 마음껏 사용해서 사업 아이디어를 평가하고 서로 비교해보라. 당신의 꿈이 사업을 해서 100만 달러를 버는 게 아니어도 좋다. 그렇다고 해도 이 과정은 아이디어를 사업으로 발전시켰을 때 당신의 자유수를 달성할 수 있을지 가늠하는 데 도움이 될 것이다. 앞서도 말했지만 자유수의 크기는 상관없다!

내게 주어진 시간은 고작 12시간이었다. 이제 고객에게 스모 저키를 소개하고 이익을 1,000달러 얻을 수 있는지 확인할 시간이 됐다. 그러면 고객을 찾으러 나서보자.

48시간의 머니 챌린지

· · ·

실제로 팔아보고 수익성을 검증하자

'그래, 육포야. 농담이 아니고 육포를 팔려고 쓴 이메일이야. 나는 기업을 대상으로 육포 정기 배달 서비스를 시작할 생각이야. 기간은 3개월, 6개월 그리고 12개월이야. 육포를 몇 달 동안 정기적으로 받아서 먹어볼 생각 없어? 센드그리드SendGrid에서 12개월 정기 배달 서비스를 신청할 수 있어. 특별히 네게 이 이메일을 보내는 거야. 이 기회를 놓치고 싶지 않으면 paypal@okdork.com로 돈을 보내줘. 결제 방식도 간편하지! 몇 주 뒤에 육포 상자가 네게 배달되면 동료들이 너를 부럽다는 듯이 쳐다볼걸!'

나는 종일 이런 내용으로 지인들에게 이메일을 보냈다. 주어진 시간은 고작 24시간이었다. 나는 내가 아는 모든 사람에게 육포를 홍보했으며 살 만한 사람을 소개해달라고도 부탁했다. 여기서 잭에게 보낸 이메일도 공유하고자 한다. 잭은 내게 첫 번째로 주문을 넣은 고객이다(메일을 보낸 시간을 주목하길 바란다).

제목: 오늘의 질문   2:01 am

받는 사람: 잭

보내는 사람: 노아 케이건

난 지금 새로운 사업에 도전하려고 해. 괜찮은지 한번 들어봐.

매월 정기적으로 육포를 배달해주는 사업이야.

월 40달러면 몸에 좋은 육포를 매일 먹을 수 있어. 하루에 1달러 42센트로 맛있는 간식을 사서 먹는 셈이지.

3개월(120달러)이나 6개월(240달러) 정기 배달 서비스를 시험 삼아서 해보려고 해.

어때? 관심이 좀 있어?

오늘 20명 정도만 주문받을 생각이야. 최소 20명은 돼야 다음 주에 대량 주문이 가능하거든.

=> paypal@okdork.com

너를 아끼는 친구, 노아가

추신. 스낵을 대량으로 구입하는 회사 중에서 내가 메일을 보내면 좋을 만한 곳을 소개해줄 수 있어?

긴 하루였다. 엉덩이에 땀띠가 나도록 책상 앞에 앉아서 열심히 이메일을 보냈고 육포 주문이 들어왔다. 다음은 내 육포 사업의 결과다.

- **총수익 4,040달러**
- **이익 1,135달러!**

이 정도면 페이스북에서 해고됐고 영어가 제2언어인 사람에겐 나쁘지 않은 성과였다. 이 시점에서 내가 육포를 어떻게 확보했는지가 궁금할 것이다. 고객에게서 돈이 입금되면 풀필먼트fulfillment(주문한 상품이 물류 창고를 거쳐 고객에게 배달 완료되기까지의 전 과정을 일괄 처리하는 것—옮긴이)는 쉽다. 그런데 그 반대일 때를 걱정해야 한다. 내가 제안한 가격에 육포를 팔 업체를 찾으려고 나는 구글과 인스타그램을 검색했고 일일이 연락을 돌렸다.

이런 식으로 당신의 아이디어가 100만 달러를 벌 기회임을 성공적으로 검증할 수 있다. 이제는 사람들이 정말로 돈을 내고 당신의 제품이나 서비스를 쓸지 시험할 때다. 이 단계는 굉장히 중요하다. 당신의 수많은 아이디어가 이론적으론 훌륭할지 몰라도 정말로 사업으로 발전할 수 있을지는 실제로 목표 시장의 소비 의향을 시험하기 전까진 알 수 없다.

예를 들어 나는 앱스모를 시작했을 때 사람들이 그루폰과 유사하게 소프트웨어를 온라인에서 구입하고 싶을 거라고 100퍼센트 확신하진 못했다. 그래서 돈을 내고 내 서비스를 사용할 고객이 있는지 파악해서 앱스모의 사업 모델을 검증해야 했다.

48시간 안에 당신의 제품이나 서비스를 돈을 내고라도 사용할 의향이 있는 고객 세 명을 확보하는 것이 사업 모델을 검증하는 방법이다. 나는 이 방법으로 앱스모의 사업 모델을 성공적으로 검증했다. 앱스모를 설립하면서 나는 사업 모델을 검증하는 것이 얼마나 중요한지 몸소 느꼈다. 그래서 스모 저키를 포함해 새로운 사업을 시작할 때마다 사업 모델을 검증하는 과정을 반드시 거친다.

나는 이렇게 사업 모델을 검증하면서 어떤 방식으로 검증해야 하는지 이해할 수 있었다. 그리고 이 검증 과정으로 사업의 규모나 내용에 상관없이 모든 아이디어의 사업성을 검증할 수 있다는 것도 알게 됐다. 마치 마법 지팡이처럼 이 검증 과정은 모든 아이디어의 사업성을 순식간에 검증해냈다. 이 검증 과정의 이점은 다음과 같다.

1. 시간을 낭비하지 않는다.
2. 돈을 절약한다.
3. 실제로 사업 아이디어를 사업으로 발전시켰을 때 고객을 확보할 수 있는지 미리 확인한다.
4. 사업을 본격적으로 시작하기 전에 돈을 벌 수 있다.
5. 가만히 있지 않고 뭐라도 하면서 움직일 수밖에 없다.

결론적으로 이 검증 과정을 통해 아이디어의 사업성을 확인해서 시간과 돈을 절약하고, 그 시간과 돈으로 더 많은 사업 아이디어를 시도해볼 수 있다. 이론적으로 1년에 시험해볼 수 있는 사업 아이디어는 52개에 이른다. 이는 전혀 부담스러운 수치가 아니다. 사업 모델을 검증하는 방법을 잘 이해하고 활용하면 세 번이나 다섯 번의 주말만 투자해서 대박을 터트릴 사업 아이디어를 찾아낼 수도 있다!

검증의 황금률

먼슬리1K 수강생들이 제시한 챌린지를 해내느라 나는 스모 저키의 사업 모델을 검증해야 했다. 나는 내 사업 모델을 검증할 때 '검증의 황금률' Golden Rule of Validation 을 활용한다. 바로 '48시간 안에 그 사업 아이디어를 돈을 내고라도 사용할 의향이 있는 고객 세 명을 확보하는 것'이다. 여기서 성공 기준은 재빠르게 행동하고 돈을 한 푼도 쓰지 않는 것이다. 왜 검증의 황금률이 그토록 효과적인지 살펴보자.

- **주어진 시간은 오직 48시간이다.** 한계는 창의력을 낳는다. 시간 제약이 있으면 기업가 지망생은 의구심을 지우고 돈이 되는 사업 아이디어를 찾을 때까지 빠르고 창의적으로 움직일 수밖에 없다.
- **첫 고객 세 명을 확보한다.** 아마 첫 번째 고객은 친구이고 두

번째 고객은 가족이겠지만 세 번째 고객은 확보하기가 엄청 어렵다. 고객 세 명 정도는 쉽다고 생각하는가? 그러면 한번 해보라. 사업을 본격적으로 시작해야 한다는 걱정을 버리고 다만 사업 아이디어를 검증하는 데 집중하자. 지금도 어렵다고 느껴지는가? 갈수록 더 어려워질 것이다.

- **먼저 돈을 받는다.** 결제하겠다는 약속을 받아내는 것만으로는 사업 아이디어를 검증할 수 없다. 사실 그건 거절 의사를 정중하게 전달한 것이다. 실제로 고객에게서 돈을 건네받아야 한다. 다시 말해 사업 아이디어를 검증하려면 진짜 사람에게서 진짜 돈을 받아내야 한다. 이때 페이팔, 스트라이프Stripe, 캐시앱Cash App, 벤모Venmo 같은 온라인 결제 앱을 이용하면 편리하다.

그저 제품이나 서비스를 설명했을 뿐인데 누군가가 당신에게 곧장 돈을 준다면 당신의 사업 아이디어는 훌륭한 것이다! 굳이 애써서 수요를 창출하지 않아도 된다. 그저 사람들에게 어떤 도움을 줬을 때 그들이 '환호하는지' 이해하려고 노력해야 한다.

아이디어 검증법 1: 직접 사전 판매

제품이나 서비스를 팔려는 시장을 검증하는, 내가 가장 좋아하는 방법이 있다. 바로 사람들에게 직접 다가가서 내가 무엇을 파는지 설명하고 사라고 한 뒤에 그들의 반응을 살피는 것이다. 잠재 고객 몇 명에게 적극적으로 사전 판매를 시도하는 건 기업가 지망생이 자기 사업을 시작하는 최고의 방법이다.

내 친구인 에릭은 2주 동안 실제로 이 집 저 집을 다니면서 "안녕하세요? 저는 풋힐즈 페인팅 Foothills Painting 을 운영하는 에릭이라고 해요. 집에 페인트가 살짝 벗겨진 곳이 있네요. 페인트를 다시 칠하는 데 얼마나 드는지 무료 견적서를 한번 받아보세요."라고 말하며 사람들에게 전단지를 나눠 줬다. 그 결과 그는 8,000만 달러어치 계약을 따냈다. 별로 길지도 않은 영업 멘트로 연간 75만 달러를 버는 기업을 만들어낸 것이다.

이번에는 다나의 사례를 살펴보자. 그녀는 먼슬리1K 수강생이었고 말과 관련된 사업을 시작하고픈 기업가 지망생이었다. 그녀는 많은 돈을 투자해서 앱을 개발하는 대신 사전 판매를 통해 사업 아이디어를 빠르고 저렴하게 검증해냈다. 다음은 내가 그녀와 주고받은 대화로, 그녀는 이 대화를 통해 생각이 바뀌었다고 한다.

> **다나:** 전 말과 관련된 사업을 하려고 준비하고 있어요. 4개월 뒤에 본격적으로 시작할 생각이에요. 말과 훈련사를 대상으로 할 건데, 이 분야의 전문가가 필요해요.
>
> **노아:** 좋아요.
>
> **다나:** 그래서 지금 개발자를 찾고 있고 시제품을 제작할 자금도 조달하고 있어요.

노아: 그렇군요. 그런데 이 사업을 통해 당신이 해결하고자 하는 문제가 무엇인가요?

다나: 음, 전 스킬셰어Skillshare(비대면으로 다양한 기술을 무료로 익힐 수 있는 온라인 학습 플랫폼―옮긴이)로 강좌를 많이 들었어요. 그리고 고객 조사도 하고 있어요. 4개월 뒤에 사이트를 열려고 개발자를 찾고 있죠.

노아: 네, 알겠어요. 그런데 이 사업을 통해 당신이 해결하고자 하는 문제가 무엇인가요?

다나: 전 말을 어떻게 돌보는지를 사람들에게 알려주고 싶어요.

노아: 그렇군요! 이제야 뭔가 대화가 되는 것 같네요! 그래서 요즘 사람들은 어떻게 말을 돌보고 있나요? 그리고 그 방법에는 뭐가 잘못됐죠?

다나: 유튜브에 올라온 관련 동영상은 허접해요. 말을 타는 사람들은 돈이 엄청나게 많지만 말을 돌보는 데 필요한 지식은 부족하죠.

노아: 아하! 그러면 사람들이 그 문제를 해결하고자 실제로 돈을 쓸 거라고 어떻게 증명할 거예요?

다나: 같은 경마 동호회에 있는 사람들과 친구들에게 메시지를 보내서 말을 돌보는 전문 지식에 돈을 쓸 건지 물어볼 수 있겠죠.

노아: 이제야 말이 통하는군요.

다나는 사람들이 말을 돌보는 전문 지식에 돈을 쓸 것인지 확인하려고 동호회 사람들에게 메시지를 보냈다. 이렇게 메시지를 보낸 첫 주에 그녀는 돈(실제로 1,000달러)을 벌었다. 사업을 시작하기 위해 완벽한 웹사이트나 앱도 필요 없었다. 사람들이 그녀에게 돈을 보냈을 때 그녀는 법인 통장도 개설하지 않았고 유한회사도 설립하지 않은 상태였다. 처음 몇 달 동안은 그저 페이팔(또는 벤모나 캐시앱이나 현금!)로 결제를 처리했다.

사전 판매 '드림 텐'을 작성하라

앞서 제3장에서 고객 우선 접근법을 살펴봤다. 이제 이 고객 우선 접근법을 이용해서 사전 판매를 시도할 사람 열 명을 추려보자. 목표는 제품이나 서비스에 대한 설명만 듣고 선뜻 구매할 이상적인 고객이 될 가능성이 있는 사람을 찾는 것이다. 그들이 곁에 있으면 금세 이익이 발생할 것이다.

먼저 10행으로 구성된 스프레드시트를 만든다. 그리고 각 행에 설명만 듣고도 선뜻 지갑을 열 잠재 고객을 한 명씩 기록한다. 나는 이들을 '드림 텐'Dream Ten이라 부르는데, 바로 사업 아이디어를 검증하는 데 필요한 사람들이다.[•]

다음은 내가 만든 스프레드시트다.

[•] 나는 체트 홈스Chet Holmes에게서 영감을 받아 드림 텐이란 개념을 고안했다. 그는 꿈에나 나올 법한 이상적인 구매자 100명을 찾는 전략을 구상해 그의 책 《판매전선 이상 없다》에서 소개했다.

이름	회사	전화번호	이메일	접촉 시기	후속 조치	비고

※ MillionDollarWeekend.com에서 드림 텐 작성에 쓸 스프레드시트를 무료로 다운받을 수 있다.

당신의 영향권에 있고 당신의 아이디어에 흥미를 느낄지도 모르는 친한 친구들부터 시작하면 드림 텐을 확보하기가 쉽다. 너무나 많은 사람이 자신의 영향권 밖에서 드림 텐을 찾으려고 한다. 지인에게 거절당하는 경험을 하고 싶지 않아서 그런 것이다. 하지만 지인은 당신이 성공하기를 바라고 응원한다.

페이스북 친구, 페이스북 그룹, 자주 연락하는 사람, 링크드인 인맥, 이전 동료, 과거 고객, 문자 메시지 목록, 같은 교회를 다니는 교인, 트위터 팔로워 등 당신의 이상적인 고객이 될 가능성이 큰 사람부터 확인하자. 나는 육포 사업의 사업성을 검증하고자 건강에 관심 있는 친구들, 사무직 동료들, 내가 사용하는 유료 서비스를 제공하는 회사의 사무직원 중에서 드림 텐을 선별했다.

이 작업을 할 때 적어도 스프레드시트의 10줄은 채워야 한다. 드림 텐을 작성하는 것은 매우 중요하다. 사업 아이디어를 듣고 선뜻 구매를 결정할 사람이 10명이 채 안 될 것 같은 생각이 든다면 다른 사업 아이디어를 생각하는 게 좋을 것이다. 모르는 사람 1,000명이 마치 마법에 걸린 듯이 돈을 내고 당신의 제품이나 서비스를 사용하게 해달라고 기도하는 건 라라랜드에 사는 것이나 다름없다. 내 아버지의 말을 빌리면 그렇다는 것이다. 당신이 영향력을 행사할 수 있는, 다시 말해 당신의 영향권 안에 있는 시장에서 사업 아이디어를 찾고 도전하면 더 쉽게 성공할 수 있다.

이제 드림 텐으로 돈을 벌 때다!

사전 판매 시나리오 작성하기

내 친구인 다니엘 라이펜베르거는 애플 스토어에서 직원으로 일하다가 우연히 첫 번째 사업 아이디어를 떠올리게 되었고 그 아이디어로 성공했다.

그는 나이 든 중년 여성들에게 컴퓨터 사용법을 가르쳐주는 일을 했는데, 그녀들은 "우리 집에 같이 갈 수 있어요?"라고 그에게 묻곤 했다. 처음엔 수작을 거는 것인가 했지만 이내 그녀들이 진짜 원하는 게 무엇인지 깨달았다. 그녀들은 집에서도 기술 강연을 듣고 싶었던 것이었다.

그의 친구와 가족들도 전자기기를 다룰 때 문제가 있으면 항상 그를 찾았다.

그는 가정 방문형 기술 트레이닝이 사업성이 있는지를 검증하고자 친구와 가족에게 전자기기를 다루는 데 어려움이 있는 사람을 소개해달라고 부탁했다. 그렇게 그는 일주일 안에 유료 고객 세 명을 확보했다. 그리고 첫 번째 고객의 집에서 기술 서비스를 제공하고 돈을 벌었다. 하지만 사업에 투자한 돈은 단 한 푼도 없었다. 그저 고객의 집까지 차를 몰고 가는 데 필요한 기름값만 들었을 뿐이었다. 이 사업을 하는 데는 전화기와 개인 이메일 주소만 있으면 충분했다. 이제 그는 기술 컨설팅 사업으로 매달 2만 달러를 벌어들이고 있다.

지금부터는 다니엘이 아이디어의 사업성을 검증할 때 사용했던 시나리오와 사람들과 주고받은 대화 내용을 자세히 살펴볼 것이다. 아이디어의 사업성을 검증하는 과정은 대화이지, 잠재 고객에게 일방적으로 영업 멘트를 읊는 것이 아니다. 고객을 알아가고 그를 도울 수 있는지와 그가 내 도움에 돈을 낼 의향이 있는지를 확인하는 대화다.

이런 이유로 나는 드림 텐이 준비됐으면 그들에 대해 더 많은 정보를 알 수 있도록 그들과 '탐구형 대화'를 나눌 것을 추천한다. 드림 텐은 당신을 잘 알기에 시간을 기꺼이 할애할 것이다. 그러니 그 시간을 이용해 그들이 당신의 제품에서 가장 흥미롭게 여기는 부분이 무엇인지, 그들이 흥미를 느끼도록 제품을 어떻게 수정해야 할지 찾아보자.

드림 텐을 통해 아이디어의 사업성을 검증하는 과정은 다음 세 단계로 나뉜다.

1. 청취

2. 옵션 제시

3. 이행

첫 번째는 듣는 것이다. 이 청취 단계에서는 드림 텐이 스스로 어떤 문제가 있는지 말하도록 만들어야 한다. 다음은 청취 단계에서 도움이 되는 질문 세 가지다.

- 요즘 가장 불편한 점이 무엇인가요?
- X가 당신의 삶에 어떻게 도움이 될 것 같은가요?
- X의 가격은 어느 정도가 적당하다고 생각하나요?

드림 텐이 질문에 답하면 그들의 말을 한 번 더 요약해 말하면서 청취 단계를 마무리한다. 다니엘은 "그래서 컴퓨터 사용법을 좀 더 쉽게 배우고 싶다는 거군요."라고 드림 텐과의 대화를 마무리했다.

꿀팁　이유를 묻거나 '예/아니오'로 답할 수 있는 단답형 질문보다 무엇이 문제인지 또는 어떻게 해결해야 하는지 등의 질문이 드림 텐의 마음을 더 활짝 열 수 있다.

청취 단계에서는 드림 텐의 말에 귀를 기울이고 그들이 제기한 문제를 메모해두는 것이 중요하다. 이렇게 하면 그들이 어느 부분에서 가장 큰 불편함을 느끼는지, 당신의 제품이나 서비스가 그들에게 얼마나 귀중할지, 그들이 기꺼이 돈을 내고 당신의 제품이나 서비스를 이용할지 아닐지를 알 수 있기 때문이다. 드림 텐이 느끼는 불편함이 클수록 당신의 사업 기회는 커진다!

다음은 옵션 제시다. 이제 그들이 가진 문제가 무엇인지를 알았으니 그 문제를 해소할 해결책(옵션)을 제시해야 할 때다. 다시 말해 그들이 문제를 해소하고자 돈을 내고 이용할 당신의 사업 아이디어를 공개하는 것이다. 다시 다니엘의 사례를 살펴보자.

> "저는 온라인으로 컴퓨터를 수리하는 방법을 사람들에게 가르치려고 합니다. 그런데 제가 직접 집으로 가서 컴퓨터를 고쳐주고 사용법을 알려준다면 어떨 것 같나요?"

이렇게 드림 텐에게 옵션을 제시하면서 그들이 흥미를 느끼고 돈을 낼 의향이 있는지 확인해야 한다. 그들이 눈알을 이리저리 굴리고 시큰둥하면 당신이 제시한 옵션에 별 관심이 없다는 뜻이다.

이제 이행이다. 당신은 드림 텐의 문제를 알고 그들이 신나 할 해결 방법도 안다. 이제 그 해결책을 판매할 때다.

> "그러니까 당신의 집을 직접 방문해서 컴퓨터를 수리해주고 사용

법을 설명해주면 좋겠다는 거군요. 50달러면 오늘 당장 컴퓨터를 고치러 갈 수 있어요. 어떠세요?"

그들이 지갑을 연다면 아이디어가 사업성이 있다는 것이다. 만일 거절한다면 그 자리에서 어떻게 반응해야 하는지도 살펴보도록 하자. 잠재 고객에게 하는 제안은 '가격+혜택+시간'이라는 세 부분으로 구성된다. 이것들을 잘 엮어서 상품이나 서비스를 제안하는 제안문을 만들 수 있다. 다음 제안문을 살펴보자.

- 제게 25달러를 주면 맥 컴퓨터를 사용할 때 하루에 한 시간씩 절약할 수 있는 법을 단 20분 만에 알려드릴게요.
- 69달러에 2시간 동안 작문 실력을 높이는 법을 알려드릴게요.
- 10달러를 주면 10분 안에 당신의 정신 상태를 바꿔줄 열 가지 방법을 정리해 PDF 파일로 보내드릴게요.
- 180달러면 맛있는 육포 6개월 치를 이번 주 사무실로 배송받을 수 있어요.

> **꿀팁** 비교하면서 제안하면 고객이 제안을 더 쉽게 이해한다. "우린 X랑 비슷하지만 Y는 아니에요."라고 제안하는 것이다. 예를 들면 '경쟁 업체와 제품이나 서비스가 비슷하지만 가격은 절반'이라는 식으로 제안하는 것이다. 대조나 비교가 이해력을 높인다는 연구 결과가 있다.

반드시 돈을 요구하라

사람들은 말하는 것과 행동하는 것이 다르다. 지갑을 열어야 하는 순간이 오기 전까진 모두가 당신의 사업 아이디어를 흥미롭게 들을 것이다. 하지만 정작 다 듣고 나서는 지갑을 열지 않을 수 있다.

그래서 나는 아이디어의 사업성을 검증할 때 "제 제안이 흥미로운가요?"라고 잠재 고객에게 질문하지 않는다. 제안이 흥미가 있다고 해놓고 실제로 지갑을 열지 않은 사람들이 많았기 때문이다. 잠재 고객에게 제안한 제품이나 서비스는 유료라고 말하면서 지금 당장 돈을 내라고 요구해야 한다.

여기서 조심할 부분이 있다. 아이디어의 사업성을 검증할 때 제품이나 서비스가 실제로 준비되기 전에 파는 것에 거부감이 없어야 한다. 제품이 완벽하게 준비될 때 팔려고 하면 이미 너무 늦다. 그러나 잠재 고객에게 제품이나 서비스를 언제 받아보거나 이용할 수 있는지는 정확하게 설명해줘야 한다. 아이디어의 사업성을 검증하면서 잠재 고객들에게 기대감을 주었기 때문에 그들은 제품이나 서비스가 실제로 없어도 먼저 기꺼이 돈을 내겠다고 한 것이다. 나는 고객에게 내 제안이 유료라고 말할 때 주로 다음과 같이 말한다.

"할인가에 제공될 때 가입하세요. 지금 정가 y달러의 x퍼센트로 제공하고 있어요. 지금 가입하면 이 할인가로 계속 서비스를 이용할 수 있어요. 오늘까지만 이 혜택을 제공하고 있죠."

꿀팁 초기 고객들에게 이메일을 보내 제품이나 서비스가 어땠는지를 묻고 피드백을 구해야 한다. 피드백은 당신의 사업을 개선하고자 할 때 꺼내서 사용하는 선물과 같다.

거절 대응법

물론 아이디어의 사업성을 검증하고자 사전 판매를 시도할 때 항상 성공하는 것은 아니다. 실제로 나는 사전 판매에 성공한 적보다 실패한 적이 훨씬 더 많다. 드림 텐에게 사전 판매를 하지 못했을 경우 그 자리에서 어떻게 대응할 것인가가 중요하다. 바로 이것이 영업 테크닉이 빛을 발하는 순간이다.

모든 거절은 기회다. 고객이 당신의 제품이나 서비스를 사전 구매하길 거절한다면 이는 그 사람이 안고 있는 문제를 깊이 파고들 기회다. 제2장에서 살펴본 거절 목표치를 떠올려보자. 거절은 '보물'이다. 나는 거절당하는 그 순간을 새로운 지식, 새로운 아이디어, 심지어 새로운 고객을 얻는 기회로 바꿀 간단한 질문 네 가지를 고객에게 한다.

1. **"왜 싫으세요?":** 이 질문을 하면 어떤 대답이 돌아올지 몰라서 겁먹기 쉽다. '고객이 옳은 지적만 하면 어떻게 하지?' 하지만 이것이야말로 아이디어를 검증할 때 정확하게 알아야 하는 부분이다!

사람들은 말하는 것과
행동하는 것이 다르다.
지갑을 열어야 하는
순간이 오기 전까진
모두가 당신의 아이디어를
흥미롭게 들을 것이다.

2. **"이것을 좋아할 만한 사람을 알고 있나요?":** 당신의 제품이
   나 서비스에 관심이 있을 사람을 추천해달라는 말을 절대 잊
   어선 안 된다! 어떤 사람을 추천받길 원하는지 구체적으로 설
   명하고 이때 수치를 활용하는 것이 좋다. 이는 매우 효과적인
   방법이다.
3. **"무엇이라면 지금 당장 돈을 내고 쓰겠어요?":** 잠재 고객이
   당신의 제품이나 서비스를 원하지 않지만 비슷한 다른 무언가
   가 필요할지도 모른다. 사람들이 강아지를 보살피는 팁을 알
   려주는 앱을 유료로 사용하고 싶어 하지 않는다면 강아지 산
   책은 어떨까? 아니면 강아지 호텔이나 강아지 데이트는?
4. **"그럼 얼마면 돈을 내겠어요?":** 스타트업이 가장 어렵게 생각
   하는 부분이 제품이나 서비스에 가격을 책정하는 것이다. 잠
   재 고객으로부터 가격이 어느 정도라면 사용할지 알아낸다면
   그야말로 금상첨화다!

사업 아이디어를 검증할 때 나는 사전 구매를 거부했던 고객에게 결
국 판매한 적이 있었는데, 짧게 소개하면 다음과 같다.

몬도Mondo는 한정판 영화 포스터를 판다. 쉽게 말해 몬도는 로컬 예
술가들이 다시 디자인한 영화 포스터를 한정 수량으로 판매하는 기업이
다. 몬도가 신상 포스터의 출시를 트위터로 알리면 단 몇 분 만에 매진
된다. 여기서 나는 현지 식당에서 조달한 한정판 타코 포스터를 판매하
는 사업 아이디어를 얻었다. 금세 100만 달러를 벌 사업 아이디어 아닌

가? 이 아이디어를 떠올렸을 때 나는 어떤 색으로 페라리를 뽑을지 고민했다!

아이디어를 실행으로 옮기기는 쉬웠다. 몬도 역시 이미 비슷한 아이디어를 갖고 있었다. 게다가 나는 팬들에게 타코 포스터를 팔아서 홍보할 예술가들과 식당들을 알고 있었다. 그들과 함께 한정판 타코 포스터를 제작하면 단 몇 분 만에 포스터가 매진될 것이다.

이 사업 아이디어가 어떤 방향으로 흘러갔는지 대충 감이 올 것이다. 나는 타코를 엄청 좋아하는 친한 친구들에게 연락했고 한정판 타코 포스터를 25달러에 파는 것을 어떻게 생각하느냐고 물었다. 그들은 어떤 대답을 했을까?

"그러니까 25달러에 타코 포스터를 사라는 거지? 난 패스."

"음, 난 관심 없어, 노아."

"노아, 너만큼 타코를 좋아하는 사람은 없어."

나는 친한 친구들마저 타코 포스터를 사지 않는다는 것을 알고 확실히 실망했다. 거절당할 때마다 나는 앞에 말했던 질문 네 가지를 했다.

1. 왜 싫은데?
2. 타코 포스터를 좋아할 만한 사람 없어?
3. 그럼 고민도 안 하고 살 물건은 뭐야?
4. 얼마면 그걸 살 거야?

친구들의 대답을 차례대로 정리하면 다음과 같다.

"왜냐하면 난 타코 포스터가 필요 없어."
"그런 사람 몰라."
"글쎄, 네가 입고 있는 타코 셔츠라면 살 거야. 타코 셔츠는 관심이 있어."
"얼마면 살 거냐고? 음, 20달러? 아니면 30달러 정도?"

이때 머릿속에 떠오르는 생각이 있었다. 나는 특정 디자인의 타코 셔츠만 입으면 주변에서 엄청난 관심을 받았다. 타코 셔츠가 사업성이 있는지 검증할 시간이었다. 나는 타코 포스터를 살 건지 물었던 친구들에게 문자 메시지를 보내고 전화를 돌려서 "내가 입고 다니는 타코 셔츠 알지? 비슷한 셔츠가 있는데, 관심 있어?"라고 물었다. 그러자 다음과 같은 대답이 돌아왔다.

"당근이지! 그 셔츠 살래."
"지금 당장 내놔!"
"타코 셔츠 보내줘!"

다음 날 나는 타코 셔츠를 입고 찍은 사진을 페이스북에 올렸고 셔츠당 25달러라는 글을 달았다. 곧 페이팔로 15건의 주문을 받았다. 그때도 전자상거래 시스템이나 웹사이트는 없었다. 사람들은 사업할 준비가 되지도 않은 내게 돈을 보냈다. 나는 판매 공지를 내리고 제조사를 찾기 시작했다. 이렇게 타코 셔츠가 탄생했다. 이 사업이 크게 성공해서 커졌냐고? 그렇지는 않았다.

요약하면 거의 모든 사업 아이디어는 첫 시도에 실패하게 되어 있다. 인스타그램은 버번위스키의 이름을 딴 체크인 앱에서 출발했고[1] 슬랙은 게임 앱을 개발하다 만들어졌다.[2] 아이디어의 사업성은 계속 검증해야 한다. 그리고 거절을 아이디어 개선의 기회로 삼아야 한다. 피드백은 황금처럼 귀하다. 고객들에게 계속 말을 붙이고 그들의 이야기에 귀를 기울여야 그들이 진정으로 무엇을 원하는지 파악할 수 있다.

● 잇츠 타코 타임!

적극적으로 고객과 소통하자. 고객에게 전화하고 문자 메시지를 보내면서 적극적으로 소통하는 것이 고객에게 수동적인 태도를 보이는 것보다 훨씬 낫다.

페이스북이나 트위터에 글을 올리고 댓글을 기다려보자. 사람들에게 다이렉트 메시지(소셜미디어에서 서로가 팔로우하는 사람끼리만 주고받을 수 있는 비공개 메시지—옮긴이)를 보내거나 고객의 대답을 가장 빨리 들을 수 있는 수단을 모두 시도해보자.

아이디어 검증법 2: 마켓플레이스 플랫폼

제품이나 서비스의 사업성을 검증하는 전형적인 방법은 페이스북 마켓플레이스, 크레이그리스트, 레딧 등 현지에서 사용되는 마켓플레이스 플랫폼(공급자와 소비자를 중계해주는 디지털 플랫폼, 인터넷 등 뉴미디어—옮긴이)을 이용하는 것이다. 돈을 쓸 기회를 찾는 사람들로 항상 북적이는 이런 마켓플레이스 플랫폼은 머릿속에서 구상하는 다양한 사업 아이디어를 검증할 만한 곳이다.

한 가지 사례를 소개하면 내 친구인 네빌은 사람들이 비싼 카메라를 돈을 내고 대여하는 데 관심이 있는지 알고 싶었다. 그는 크레이그리스트에 DSLR 카메라 대여 광고를 올렸고 몇 시간 동안 카메라를 대여하는 비용은 75달러였다.

그는 이 아이디어의 사업성을 검증하는 데 돈 한 푼 쓰지 않았으며 고작 몇 분 안에 검증이 끝났다. 이는 직접 웹사이트를 만들고, 도메인 을 확인하고, 로고를 디자인하고, 고객을 확보하는 등의 과정을 거쳐서 검증하는 것보다 훨씬 효율적인 방법이었다. 나도 아이디어의 사업성을 시험하고자 마켓플레이스 플랫폼에 단순한 '가상 제품'을 올리는 방법 을 자주 사용한다. 심지어 실제로 존재하지도 않는 제품을 올리기도 한 다! 사업화할 제품과 유사한 제품을 찾아서 내가 팔고 싶은 가격과 함 께 마켓플레이스 플랫폼에 올리거나 내가 팔려는 제품의 디자인을 대충 간략하게, 가격을 매겨 올리고 사람들의 반응을 살피는 것이다.

나는 디스크 골프(일정 지점에 골 홀을 두고 플라잉 디스크를 던져 이동하면서 얼마나 적은 횟수로 골 홀에 골인시키는지 겨루는 게임—옮긴이)를 좋아하는데, 레딧 DIY 채널에서 진짜 멋진 디스크를 찾았다. 나는 얼른 디스크 사진을 찍어 페이스북 마켓플레이스와 트위터에 글을 올렸다.

'디스크 골프나 닌텐도를 사랑하는 여러분! 닌텐도 전용 디스크 5개를 제작할 계획입니다. 원하는 분은 제게 페이팔로 20달러를 보내주세요.'

● 내가 트위터에 올린 디스크 판매 글

여기서 핵심은 내가 제조업체를 찾으려고 시도조차 하지 않았다는 것이다. 심지어 나는 웹사이트를 만들지도 않았으며 그 디스크의 성능을 시험해보지도 않았다. 그저 사람들에게 '이런 제품이 있는데, 돈을 주면 보내줄게'라고 말했을 뿐이었다. 그런데 몇몇 사람이 실제로 내게 돈을 보내고 주문을 했다. 나는 디스크 20개를 주문받았고 그제야 이것을 제작한 제조업체를 온라인으로 찾아 디스크를 만들어서 주문자에게 배송했다.

소셜미디어에 이런 글을 올릴 때는 잠재 고객이 있을 만한 곳에 올리는 것이 테크닉이다. 내 비서인 제이미는 부업을 고민했는데 나는 그녀에게 사람들에게 비서 업무를 가르쳐본 적이 있느냐고 물었다. 그녀는 이미 비서로서 필요한 기술을 갖춘 꽤 유능한 비서였다. 그리고 그녀처럼 비서로 일하고 싶어 하는 사람들이 많았다.

내 이야기를 듣고 제이미는 페이스북에 '여러분, 저는 비서로 일하고 있어요. 이 일을 하면서 돈도 꽤 많이 벌죠. 제가 여러분께 도움을 주고 싶어요. 비서 일에 관심이 있는 사람이라면 기꺼이 돕겠습니다. 댓글을 남기거나 메시지를 보내주세요'라고 글을 올렸다.

진솔하고 단도직입적이면서도 개방적이고 이해하기 쉬운 글이었다. 얼마 지나지 않아 사람들이 반응하기 시작했다. 그녀는 사람들에게 100달러를 받고 자신이 업무를 어떻게 하는지를 보여주면서 자신을 따라 하도록 했다. 당신도 정확히 이렇게 하면 된다!

아이디어 검증법 3: 랜딩 페이지

아이디어의 사업성을 검증할 때 널리 사용되는 방법 가운데 하나가 저가나 무료 서비스를 이용해 단순한 랜딩 페이지landing page(홈페이지 방문, 키워드 검색, 배너 광고 등으로 유입된 인터넷 이용자가 최초로 보는 페이지—옮긴이)를 개설하고 사람들의 반응을 보는 것이다. 인스타페이지Instapage, 언바운스Unbounce, 클릭퍼널스Clickfunnels가 널리 사용되는 랜딩 페이지 툴이다. 참고로 나는 MillionDollarWeekend.com에 최신 랜딩 페이지 툴을 업데이트하고 있다.

랜딩 페이지를 만들고 나면 사람들에게 랜딩 페이지를 홍보하는 광고를 보낼 수 있다. 그리고 사람들이 실제로 제품이나 서비스 소식을 받아보려고 자신의 이메일 주소를 메일링리스트(관심 분야가 같은 그룹 내에서 전자우편으로 공통 관심의 정보나 메시지를 교환하는 시스템—옮긴이)에 등록하거나 사전 주문을 하는지 확인해볼 수 있다.

사실 나는 이 방법을 별로 좋아하지 않는다. 랜딩 페이지를 만드는 데 시간을 쓰고 광고를 사야 하기 때문이다. 그리고 광고를 살 때는 광고 전문가마저 되어야 한다. 이 방법은 전체적으로 느리게 진행되며 비용까지 발생한다. 정확히 내가 싫어하는 두 가지다. 그런데 랜딩 페이지를 굳이 만들어야겠다면 48시간 안에 이 모든 일을 끝내는 것을 추천한다. 이렇게 시간제한을 두어야 광고나 랜딩 페이지를 제작한다며 허송세월하거나 불필요한 지출이 나가는 것을 막을 수 있다.

사업 아이디어 검증 과정에서 랜딩 페이지를 올바르게 사용한 사례가 있다. 내 밑에서 일했던 인턴인 저스틴 마레스Justin Mares는 육수를 만들어 배달하는 사업을 구상했고 이 아이디어를 검증하는 데 랜딩 페이지를 활용했다. 그는 자기 아이디어가 사업성이 있음을 성공적으로 검

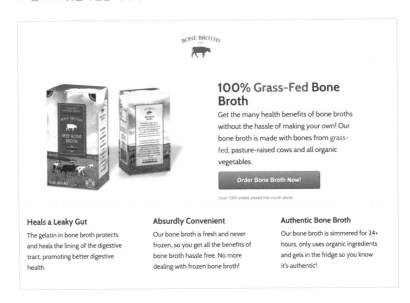

증하고 케틀앤드파이어 Kettle & Fire 를 설립했다.

저스틴은 먼저 12달러를 주고 본브로스닷컴 bonebroths.com 이란 도메인을 샀고 언바운스로 단순한 랜딩 페이지를 만들었다. 그리고 파이버 Fiverr 에 약 5달러를 내고 간단한 로고를 만들었다. 그는 이렇게 랜딩 페이지와 광고 문구가 준비된 뒤에 가격을 책정했는데 22달러 99센트를 받고 육수 16온스(약 0.473리터)를 팔면 수익이 발생했다. 만일 사람들이 단 한 번도 맛보거나 본 적 없는 육수 1파인트(16온스)에 약 30달러를 기꺼이 낸다면 이 사업은 성공할 수밖에 없었다.

랜딩 페이지에서 '지금 주문하기'를 클릭한 사람들은 페이팔에서 결제할 수 있었다. 놀랍게도 많은 사람이 페이팔을 통해 저스틴에게 돈을 보냈다.

저스틴의 랜딩 페이지는 그래픽 디자이너들이 혀를 내두를 정도로 볼품없었다. 하지만 저스틴이 대략 50달러의 빙Bing 광고를 사들이자 사람들은 그의 랜딩 페이지로 와서 주문하고 페이팔로 결제했다! 2주간의 사업 아이디어 검증 기간에 저스틴은 약 500달러의 순수익을 냈다. 지금 케틀앤드파이어는 1억 달러의 매출을 내는 회사다. 고작 육수로 이만큼의 매출을 올리고 있다고?!?! 검증 완료!

여기서 핵심은 저스틴처럼 랜딩 페이지를 이용하려고 한다면 랜딩 페이지의 디자인, 이름, 언어, 광고나 그 외의 것들을 너무 오래 고민하지 말아야 한다는 것이다. 상당한 시간과 비용을 들였는데 사람들의 반응이 없을 수도 있다. 그저 사람들이 당신의 제품이나 서비스를 살지 확인하는 용도로 단순하게 랜딩 페이지를 만들도록 하자.

챌린지 11

아이디어의 사업성을 검증하라

앞에서 살펴본 사업 아이디어 검증법 세 가지를 활용해서 48시간 안에 유료 고객 최소 세 명을 확보해보자.

앞에서 작성한 드림 텐 목록을 챙겨라. 그들에게 문자 메시지를 보내거나, 전화를 걸거나, 다이렉트 메시지를 보내거나, 이메일을 보내보자. 그들과 실질적으로 소통하는 시간이 길수록 좋다! 다음은 드림 텐과의 대화를 시작하고 이끄는 데 도움이 될 시나리오다.

당신: 안녕하세요? 제 기억으로는 육포를 굉장히 좋아하셨던 걸로 알고 있어요.

잠재 고객: 네, 육포를 거의 입에 달고 살아요.

당신: 이럴 수가! 제가 지금 몸에 좋은 육포 사업 하나를 구상하고 있어요. 아무래도 당신도 들어보면 좋아할 것 같네요. 한 달에 20달러만 내고 저의 첫 번째 고객이 되어주세요.

잠재 고객: 글쎄요. 어떤 육포죠?

당신: 건강에 좋은 육포로 제가 직접 공수해온 거예요. 마음에 안 들면 언제든지 환불해드릴게요.

잠재 고객: 좋아요. 나중에 결제해도 되나요?

당신: 벤모나 페이팔을 이용하거나 제게 현금을 주시면 주문을 확인해드릴게요. 지금은 테스트 기간이라서 주문은 딱 열 건만 받을 생각이에요.

잠재 고객: 송금했어요.

아이디어의 사업성이 검증됐는데 당신의 제품이나 서비스를 실제로 구입하는 사람이 없다면 다른 사업 아이디어를 선택해서 처음부터 다시 시작하면 된다. 제3장으로 되돌아가서 처음부터 다시 시작하라!

최소한 세 명의 고객을 확보해 사업 아이디어를 검증했다면 대단하다! 당신이 해낸 것이다. 이제 당신의 사업이 생겼다! 지금부터는 그 사업을 성장시키는 방법에 대해서 살펴보자.

추가 보너스 MillionDollarWeekend.com에 사업 아이디어의 매력을 높일 여섯 가지 방법이 소개되어 있다.

PART 3

키워라

Grow it

• 자는 동안에도 돈이 들어온다 •

당신은 아이디어의 사업성을 검증해냈다! 난 당신이 정말 자랑스럽다! 이제 최초의 고객들을 두터운 팬층으로 진화시킬 '성장 시스템'을 만들어보자. 지금부터 내가 사업할 때마다 실제로 사용했던 마케팅 전략을 공개하려고 한다. 이번 파트에서는 그 마케팅 전략을 익힐 것이다.

- **소셜미디어를 활용하라:** 소셜미디어에서 당신의 사업 아이디어의 진짜 팬이라 할 수 있는 친밀한 관계인 사람 100명을 30일 안에 확보한다(내게 영감을 준 케빈 켈리Kevin Kelly에게 고마움을 전한다). 목적에 적합한 미디어 플랫폼을 선택하고 남들에겐 없는 자신의 이점을 이용해서 기반을 다져나간다.
- **이메일로 이윤을 창출하라:** 이메일 주소록에 있는 사람들은 일종의 청중이다. 그들의 지갑을 열어 돈을 받아내야 한다. 즉 페이팔과 같은 시스템에서 당신의 이메일 계정으로 결제하도록 만들어야 한다. 이렇게 하면 그들은 단순한 청중에서 고객으로 진화한다.
- **사업을 키울 전략을 수립하라:** 마케팅 실험을 구상하고 효과가 있는 마케팅 전략을 강하게 밀어붙여야 한다.
- **올해 52개의 사업 기회를 만들어보라:** 꿈꾸던 삶을 일상으로 만들자.

제6장

성장을 위한 소셜미디어 활용

. . .

평생 당신을 지지해줄 청중을 모으자

아버지가 돌아가신 뒤에 나는 보 잭슨Bo Jackson 같은 사람이 되고 싶었다. 그는 NFL과 MLB 모두에서 크게 성공한 유일한 선수였고 1990년대 초반에 전 지구를 통틀어 가장 인기 있는 선수였다.[1] 아버지는 보 잭슨을 아주 좋아했다. 잭슨은 가진 게 아무것도 없는, 소심하고 말을 더듬는 앨라배마주 출신이었지만 상상할 수 없을 정도로 큰 명성을 얻고 많은 돈을 벌었다. 아버지는 그의 성공이 아메리칸드림의 증거라고 여겼다. 게다가 아버지의 이름도 '보'였다.

아마도 그에게 존경을 표하고픈 욕심이었거나 그와 가까운 사이라는 내 착각 때문이었을 것이다. 몇 년 전 나는 아버지가 돌아가신 뒤에 잭슨을 직접 만나야겠다고 생각했다. 그런데 문제는 그가 자취를 감춘 지 한참 시간이 지났다는 거였다. 잭슨은 은퇴한 뒤 할리우드에서 활동하지 않고 에이전트를 고용하지도 않았다. 그는 시카고에서 조용한 나날을 보내고 있었다. 내가 연락했을 때 그는 2012년부터 앨라배마주에 자연재해가 발생하면 구호 활동에 쓸 자금을 모으기 위해 자선 행사로 매년 자전거 타기 행사를 열고 있었다. 그 행사의 이름은 '보 바이크 바마'Bo Bikes Bama였다.

나는 어떻게든 그를 만나야겠다고 마음먹었다. 그래서 그의 자선 행사에 도움의 손길을 내밀었다. 대의를 위해 열리는 행사였고 어쩌면 그가 나를 만나주거나 팟캐스트에 출연해줄지도 몰랐다. 그래서 나는 몇년 동안 유료 유튜브 영상과 주간 이메일 뉴스레터, 질의응답 서비스로 모은 내 청중에게 도움을 청했다. 나는 그들에게 이 행사에 함께할 것을 제안했는데 그들로부터 돌아온 반응은 실로 충격적이었다. 다음이 내가 청중에게 보낸 메시지다.

제가 어렸을 때 아버지가 제일 좋아하는 선수가 보 잭슨이었어요. 그런데 보는 지금 우리의 도움이 필요해요. 아버지는 이미 세상을 떠나셨기에 그를 도울 수 없지만 우린 할 수 있어요!

매년 보 잭슨은 앨라배마주에서 자연재해 구호 활동에 쓸 자금을 모으려고 '보 바이크 바마'라는 자전거 타기 자선 행사를 열고 있어요. 올해 저는 앨라배마주와 그곳의 어린이들을 돕기 위해 2만 5,000달러를 모으기로 마음먹었습니다.

아래 양식을 통해 보 바이크 바마에 기부해주세요. 모금 행사는 3월 31일까지 진행됩니다. 저도 모금액에 따라 최대 5,000달러까지 기부할 생각입니다.

기부액별 사은품

- 아미고 등급(기부액 10달러): 편지. 제가 직접 쓴 감사 편지를 보내드립니다.

- 호미 등급(기부액 50달러): 주문 제작 카드. 제가 가장 아끼는 예술가들이 직접 디자인한 카드를 당신이 원하는 대로 제작해서 보내드립니다.

- 사이드킥 등급(기부액 100달러): 카드와 셔츠. 카드와 타코 셔츠를 원하는 대로 제작해서 보내드립니다.

- 뉴 에르마노 등급(기부액 500달러): 전화 통화. 위에 소개한 사은품 전부에 더해 한 시간 동안 저와 통화할 기회를 드립니다.

- 이너서클 등급(기부액 1,000달러): 위에 소개한 사은품 전부와 오스틴 자전거 라이딩. 오스틴에서 저와 함께 자전거를 탈 기회를 제공합니다. 미나알Minaal 백팩과 론앤드허크베리Rhone and Huckberry 의류도 보내드립니다.

- BFF 등급(기부액 1만 달러): 가자, 멕시코시티로! 멕시코시티의 미슐랭 식당에서 저와 타코를 먹으며 창업에 관해 이야기할 기회를 드립니다. 모든 비용은 무료입니다.

사흘 만에 나는 그들과 함께 3만 달러를 모았다. 입소문 없이 해낸 일이었다. 잭슨은 이틀 뒤 내게 직접 전화해서 고맙다고 했고, 얼마 지나지 않아 내 팟캐스트에 출연했다. 당신이 "노아 당신이니까 그 짧은 시간에 그만한 자금을 모았겠죠!"라고 말하는 소리가 여기까지 들린다. '당신에겐 수많은 청중이 있잖아요!'라고 생각하고 있는 것도 다 안다. 하지만 당신이 모르는 게 하나 있다. 나는 내 메시지를 받고 보 바이크 바마에 기부한 102명의 이름을 거의 모두 알아봤다! 개인적으로 소통해오면서 창업에 관한 조언을 해주거나 가끔은 그저 "잘하고 있어요. 계속 그렇게 하세요."라고 말해주었던 이들이었다.

그러니까 그들은 내 소셜미디어의 팔로워나 익명의 청중이 아니었다. 그들은 마케팅 대가 세스 고딘 Seth Godin이 '최소 유효 청중'이라 부르는 사람들[2] 또는 경영 전문지 《위어드》의 공동 창립자 케빈 켈리가 '진정한 팬 1,000명'이라 부르는 사람들이었다.[3] 내 기술과 열정에 특별한 관심을 표하며 자신만의 도전을 추구하는 이들과 나는 꾸준히 관계를 맺어왔다.

당신을 알고 좋아하고 신뢰하며 당신의 말을 경청하는 100명의 집단이 당신에게 평생 가져다주는 가치는, 당신의 말을 귓등으로도 안 듣는 1만 명의 집단이 주는 단기적인 만족감을 압도할 것이다. 당신이 산악자전거 용품을 파느냐, 요리 강좌를 여느냐, 검색 엔진 최적화 서비스를 제공하느냐는 중요하지 않다. 당신이 지금 판매하는 제품이나 서비스를 돈을 내고 사용할 뿐만 아니라 당신의 기업가적 도전을 따르고 지지할 수백 명 또는 수천 명의 사람을 곁에 두는 것이 중요하다.

이미 당신을 알고, 따르고, 응원하는 집단인 청중은 사업할 때 가장 큰 힘이 될 진정성을 바탕으로 형성된다. 그러니 그들에게 아무 기대 없이 가치를 투자해야 한다. 다시 말해서 지금 당장 보상을 요구하지 않고 그들의 여정에 함께하고 도움을 주는 것이다. 때로 간단한 칭찬으로 그들의 자존감을 높여주는 것도 그들에게 도움이 된다. 이렇게 청중을 형성해야 한다.

나는 20년간 오케이도크와 앱스모로 사람들에게 무료 콘텐츠를 제공했다. 그렇기에 "여러분, 제가 자선 모금 행사를 열기로 했어요. 동참하시겠어요?"라고 말하는 일은 쉬웠다. 나를 항상 지지하는 이들은 선뜻 내 제안을 받아들이고 동참했다. 물론 이렇게 당신의 말에 귀를 기울이는 진짜 청중을 모으는 데는 시간이 걸린다.

나는 2000년에 고등학교 친구들과 동료들을 위해 내가 걸어온 길을 기록할 오케이도크닷컴을 만들고 블로그를 시작했다. 초기에는 마케팅, 내 개구리 인형인 시모어의 사진, 대학 시절에 관한 이야기로 블로그를 도배했다. 그러다 블로그가 진화하면서 마케팅에 좀 더 집중했고 블로그 독자들의 관심사와 요청을 바탕으로 사업을 시작했다.

나의 성공을 도운 인맥은 내가 나 자신을 공개하고 사업과 실패 경험을 사람들과 공유하면서 형성됐다. 그리고 나의 마케팅 아이돌 세스 고딘이 내 블로그 글에 댓글을 달았고 그 덕분에 우리는 만날 수 있었다. 이렇게 대중성을 얻은 덕분에 민트에서도 일하게 되었다.

내 자랑 같지만 대중성을 얻은 덕분에 나는 많은 유명인을 만날 수 있었다. 팀 페리스, 앤드루 첸Andrew Chen, 마이크 포즈너Mike Posner, 보 잭슨, 제임스 클리어James Clear, 라이언 홀리데이Ryan Holiday, 파이어폭스 공동 크리에이터 블레이크 로스Blake Ross, 베스트셀러 작가 라밋 세티Ramit Sethi, 나와 함께 책을 펴낸 탈 라즈Tahl Raz 등. 이런 유명인들을 만나는 것은 인생 최고의 경험이다.

나는 의도적으로 개인 브랜드를 만들려고 시도했던 적은 없다. 나는 그저 언제나 나다웠다. 사람들과 무언가를 나누는 걸 좋아했고 정직했으며 꾸밈이 없었다. 사람들은 대개 인성적 측면에 매력을 느끼고 빠져드는 법이다. 사람들은 '진짜 사람'과 관계 맺고 사업한다. 특히 친구처럼 느껴지는 사람과 사업하고 싶어 한다.

대니 왕 디자인Danny Wang Design의 사례를 살펴보자.[4] 이 회사는 잔디를 관리해준다. 매주 구린 음악에 맞춰 고객의 잔디를 아름답게 관리하기 전과 후를 보여주는 45초짜리 짧은 영상을 올려서 서비스를 광고한다(그리고 이 눈을 뗄 수 없는 광고를 서비스를 제공하는 지역에 자가를 보유하고 있는 사람들에게 보낸다). 이 회사의 틱톡 팔로워는 230만 명에 이르고 'backyard#transformations'라는 해시태그를 달아 게시한 동영상의 조회수는 대략 15만 건에 이른다(조회수가 이를 가뿐히 넘는 경우도 많다). 그런데 놀랍게도 대니는 동영상에 한 번도 등장하지 않는다.

나만의 개성을 찾자

자신만의 커뮤니티를 구축하려면 자신만의 독특한 시각, 즉 개성이 필

● 벤의 멋진 수염을 보라!

요하다. 이것은 어떻게 찾을 수 있을까? 사람들은 내게 뉴스레터나 블로그 게시글, 트위터 메시지를 돋보이게 하는 비결을 자주 물어온다. 그럴 때면 나는 그들에게만 있는 특별한 점이 그들을 빛나게 해주는 일종의 '부당한 이점'이 된다는 걸 설명하곤 한다.

벤 케니언Ben Kenyon의 사례를 살펴보자. 벤은 미국 프로농구팀 필라델피아 세븐티식서스Philadelphia 76ers에서 선수들의 체력과 컨디션을 관리하는 수석 코치이자 그레이트 데이 스쿼드Great Day Squad의 창업자 겸 CEO다. 그는 멋진 사람이다. 강인하고 유머 감각이 있으며 아주 매력적인 수염을 갖고 있다.

나는 운이 좋게도 오케이도크에서 그를 인터뷰할 기회가 있었다.[5] 마침 그는 뉴스레터를 시작할 계획이라서 내게 조언을 듣고 싶어 했다. 그는 자신이 뉴스레터를 제작하고 배포하는 과정을 모르는 게 문제라고 생각했다. 하지만 중요한 건 사람들을 끌어들여 친구와 고객으로 만들 뉴스레터, 자신의 개성을 담아 더욱 증폭시키는 뉴스레터를 제작하고 배포하는 것이다. 나는 그에게 한 가지 질문을 던졌다.

"당신만의 독특한 점, 즉 개성을 30초 이내로 말씀해주시겠어요?"

정확하게 말하면 난 사람들이 왜 그의 뉴스레터를 읽어야 하는지를 물었던 것이다. 듣기에 따라 무례한 질문일 수 있다. 하지만 대중과 관계를 맺기 전에 먼저 스스로 이 질문에 답해봐야 한다.

자신만의 개성을 설명해달라는 질문에 살짝 압박감을 느낀 벤은 잠시 침묵했다. 난감하다는 표정을 짓다가 이내 웃으면서 어깨를 으쓱했다. 그렇다. 이건 대답하기 다소 난감한 질문이다! 그러나 마침내 그는 천천히 입을 열고 자신 있는 목소리로 말했다. 나는 자신만의 독특함에 대해 말하는 벤에게 귀를 기울였다.

"지난 14년 동안 저는 퍼포먼스 코치로 활동했어요. 세계 최고의 선수들과 함께했죠. 그들이 더 좋은 기량을 펼치도록 돕는 게 제가 매일 밥 먹듯이 하는 일이에요. 저는 인생에서 성공하고픈 사람이라면 자기 삶의 주도권을 잡고 살아가도록 돕고 싶어요. 전 최선을 다하는 법을 알거든요."

멋진 말이다! 솔직함과 진정성이 느껴졌고 명확성도 있었다. 그가 말한 네 문장은 이 모든 것을 담아냈다. 그러면 지금부터 그의 말을 낱낱이 파헤쳐보자.

1. 그는 자신이 누구인지 정의했다.

2. 사람들이 자신을 믿어야 하는 이유를 분명하게 제시했다.

3. 자신이 어떤 분야에 열정을 가졌는지 설명했다.

4. 사람들을 위해 일할 수 있는 그만의 개성을 명확하게 설명했다.

분명하고 이해하기 쉽고 직설적이며 간결하다. 처음 세 문장에서 벤은 자신이 왜 특별한지 설명했다(그는 무려 14년 동안 세계 최고 선수들이 더 좋은 기량을 발휘하도록 도왔다!). 그리고 네 번째 문장에서 커뮤니티가 성장하도록 사람들에게 애정과 관심을 듬뿍 쏟겠다고 했다(어떻게 고객의 문제를 해결할지, 어떻게 고객이 자기 삶의 주인이 되도록 도울지 짧고 명확하게 설명했다). 잠깐 시간을 내서 벤이 했던 것처럼 자신의 특별함이 무엇인지 누군가에게 소개하는 글을 적어보자.

챌린지 12

자신만의 독특함을 생각해보자

다음 질문에 맞거나 틀린 답은 없다. 원하면 언제든지 답을 바꿀 수 있다.

1. 나는 누구인가?

2. 사람들이 내 말을 경청해야 하는 이유는 무엇인가?

3. 내가 열정을 품고 있는 것은 무엇인가?

4. 나는 사람들을 위해 무엇을 할 것인가?

플랫폼을 정하자

남들에겐 없는 자신만의 무기가 무엇인지 알았다면 이제 당신의 말에 귀 기울일 사람들에게 손을 뻗어야 한다. '돈 한 푼 안 들이고' 이 일을 할 최고의 방법은 소셜미디어를 활용하는 것이다. 자, 이 편리한 무료 디지털 플랫폼을 이용해보자.

- 사진작가는 자신이 찍은 멋진 사진을 세상에 보여줄 수 있는 인스타그램을 사랑한다.
- 컨설턴트는 링크드인에서 자신의 의견을 많은 사람과 나누길 좋아한다.
- 저널리스트, 마케터는 트위터에 몇백 자 짧막한 메시지를 올리는 걸 즐긴다.
- 디자이너는 드리블Dribble에서 자신의 개성을 담은 독창적인 디자인을 자랑한다.
- 작가는 워드프레스닷컴WordPress.com에서 무료로 블로그를 시작한다.

물론 지금 이렇다는 것이며 디지털 플랫폼은 또다시 변할 것이다. 하지만 당신이 자기에게 적합한 디지털 플랫폼을 선택하는 법은 변하지 않는다. 디지털 플랫폼을 정할 때는 다음 세 가지를 알아야 한다.

1. 관계를 맺고 싶은 사람들이 있는 플랫폼은 어디인가?
2. 콘텐츠를 만들 때 내가 선호하는 매체는 무엇인가?
3. 이 플랫폼에 들인 노력 대비 내가 얻을 파격적인 결과는 무엇인가?

이것이 실전에서 어떻게 적용되는지 궁금해할 것 같아서 내가 플랫폼을 어떻게 정하는지를 단계별로 소개한다. 먼저 나는 내게 쓸모가 없는 플랫폼들을 고려 대상에서 탈락시킨다.

- **인스타그램:** 나는 사진을 많이 찍지 않는다. 그러니 인스타그램은 탈락이다. 그런데 켈시 허친스 Kelsey Hutchins 같은 인테리어 디자이너라면 사람들은 그의 실내 디자인 사진을 어디에서 볼까? 그렇다. 바로 인스타그램이다. 켈시는 인스타그램을 통해 고객 대부분을 확보한다.
- **팟캐스트:** 나는 몇 년 동안 팟캐스트에 콘텐츠를 올렸고 구독자들은 내 콘텐츠를 꽤 많이 소비했다. 그런데 팟캐스트 콘텐츠를 만들어 올리는 노력에 비해 구독자는 잘 늘어나지 않았다. 한정된 사람들만 팟캐스트를 듣는다. 그래서인지 요즘에는 새로운 팟캐스트 콘텐츠를 찾기가 거의 불가능해졌다. 하지만 조던 하빈저 Jordan Harbinger 는 인터뷰와 팟캐스트에 대한 애정으로 100만 달러 사업을 키워냈다. 바로 〈조던 하빈저 쇼〉다.

- **링크드인:** 여기엔 사업을 하거나 직장을 다니는 수많은 사람이 모여 있다. 그래서 믿기 어려울 만큼 시끄럽고 사람들의 관심을 끌기가 하늘의 별 따기만큼이나 어렵다. 하지만 저스틴 웰시 Justin Welsh 는 링크드인을 활용해 강연 수강생을 모으는데 첫 2년에 130만 달러를 벌어들였다.[6]

- **블로그:** 나는 오케이도크에서 블로그 활동을 하고 있으며 이를 매우 즐긴다. 하지만 구글에서 나에 관한 검색량이 전반적으로 줄어들고 있다. 오케이도크에 콘텐츠를 올리면서 입소문을 타는 건 더 이상 효과적이지 않다. 왜냐하면 내 콘텐츠를 소비했던 사람 대부분이 소셜미디어에서 시간을 보내는 시간이 많아졌기 때문이다.

  음악 잡지 《롤링 스톤》의 기자였던 맷 타이비 Matt Taibbi 는 뉴스레터 플랫폼 서브스택 Substack 에서 블로그 활동을 하는데[7] 매달 130만 명이 그의 블로그를 찾는다. 그가 여기서 연간 50만 달러의 이익을 얻는 걸 보면 블로그 활동도 여전히 효과적일 수 있다.

- **트위터:** 나는 트위터를 애정하지만 팔로워 수가 늘지 않고 있다. 몇 년 동안 트위터 이용자 수는 늘지도 줄지도 않는 상태다. 물론 트위터에서 입소문을 탈 수 있지만 트위터에서 고객을 확보해 실제로 당신의 제품이나 서비스를 소비하도록 만드는 건 어렵다. 그러나 더 스웨티 스타트업 The Sweaty Startup 의 닉 후버 Nick Huber 는 경영 방식에 관해 도발적인 메시지를 트위터에

올려서 많은 고객을 확보했고 그의 창고 사업을 훨씬 큰 사업으로 키워냈다.[8]

- **틱톡:** 틱톡을 과소평가하는 건 아니지만 내 경험에 따르면 100만 명의 틱톡 팔로워는 10만 명의 유튜브 구독자와 맞먹는 것 같다. 물론 이 둘의 성격이 똑같지는 않다. 어쨌든 나는 매번 유튜브를 택한다. 사실 유튜브 구독자 한 명은 틱톡 팔로워 25명과 같다는 분석이 있다![9]

  그렇지만 당신의 콘텐츠를 소비하는 사람들이 모두 25세 미만이고 새로운 소식과 조언을 틱톡에서 구한다면 당신은 틱톡을 선택해야 한다. 나는 틱톡으로 나름대로 실험을 시작했고 내 유튜브 영상을 재편집해서 틱톡에 올려 15만 명이 넘는 팔로워를 확보했다. 하지만 이 시도가 내 사업에 직접적인 영향을 미치진 않았다.

물론 위와 같은 평가는 내가 플랫폼을 정하는 과정에서 나온 것이다. 이 플랫폼들이 내게 맞지 않았다고 해서 당신에게 유용하지 않다는 의미는 아니다. 이보다 더 중요한 것은 실험 삼아 하나를 선택해서 사업에 활용해보는 것이다. 내겐 그것이 유튜브였다!

유튜브는 인터넷에서 가장 큰 스트리밍 동영상 사이트다.[10] 매일 1억 2,200만 명이 유튜브에서 10억 시간 영상을 소비한다.[11] 게다가 유튜브는 영상에 광고를 삽입해 수익이 발생하면 채널 운영자에게 수익 일부를 지급하는데 유튜브 채널에 영상을 호스팅하는 비용은 전혀 들지 않는다(무료는 내가 제일 좋아하는 것이다). 즉 유튜브는 돈 한 푼 안 들이고 청중의 수와 질을 높이는 최고의 방법이다.

단점이 있다면 트위터에 메시지를 쓰기보다 영상을 제작하기가 더 어렵다는 것이다. 이 때문에 대부분이 유튜브에 도전하길 꺼린다. 하지만 나는 오히려 이게 장점이라고 본다. 경쟁이 상대적으로 덜하다는 뜻이기 때문이다.

유튜브에 도전하길 꺼리는 이유가 이게 아니라면 그저 카메라 앞에 서는 게 불편해서일 수도 있다. 하지만 그건 또 다른 핑계일 뿐이다. '카메라에 자신이 찍히는 게 싫어서' 서니V2 SunnyV2 같은 유형의 유튜브 채널을 운영하는 이도 많다(서니V2에는 유명 인사에 관한 다큐멘터리가 올라오는데 구독자가 200만 명에 이른다).[12] 참고로 서니V2에 올라오는 영상에는 채널 운영자가 등장하지 않는다.

그리고 유튜브 영상을 촬영하는 데는 사실 비싼 촬영 스튜디오나 할리우드에서 쓰는 촬영 장비가 필요하지 않다. 나는 내 집 거실에서 아이폰12 카메라로 웃통을 벗은 채 마케팅에 관해 이야기하는 영상을 찍어서 채널에 올렸다. 내 채널의 구독자 수는 75만 명이 넘는다. 유튜브 채널을 운영하는 데 값비싼 장비나 공간은 필요 없다.

핑계 대지 말고 일단 시작하자. 핵심은 청중을 모으고 그들을 이메일 리스트에 추가해서(다음 장에서 다룰 주제다) 지금 당장 시작하는 것이다.

핵심 서클을 위한 콘텐츠를 제작하자

플랫폼에 좋은 게시물이나 영상을 올리면 추가 비용 없이 자는 동안에도 청중을 모을 수 있다. 인터넷만 있으면 누구나 대형 미디어 같은 파급력을 지닐 수 있다. 인터넷에서 자신만의 청중을 모을 때는 그 누구의 허락을 구할 필요도 없다.

알리 압달Ali Abdaal 의 사례를 살펴보자. 2017년 케임브리지 대학교의 의대생이었던 그는 유튜브 채널을 개설해서 한번 영상을 올려보자고 생각했다. 그는 영국 의과대학교의 생물의학 입학시험 BioMedical Admissions Test, BMAT 에 대비한 학습법과 암기법을 영상으로 촬영해서 유튜브 채널에 올렸다.

먼저 BMAT 세션 1에 대비한 학습과 암기 요령을 올렸고, 그다음에는 세션 2에 대한 영상을 만들어 유튜브 채널에 올렸다. 이후에는 의과대학교 면접을 준비하는 방법도 영상으로 제작해서 채널에 올렸다. 그랬더니 그의 채널에서 영상을 시청하는 청중이 늘어났다. 그들은 의과대 입학이라는 아주 구체적인 문제를 해결하는 데 알리의 전문성을 간절히 원하는, 아주 구체적인 집단에 속한 이들이었다.

현재 알리는 44만 명이 넘는 유튜브 구독자를 보유한 대형 스타이며 유튜브 채널을 운영해서 매달 40만 달러가 넘는 돈을 번다.[13] 그는 내가 유튜브에서 가장 존경하는 채널 운영자이며 청중을 모으는 방법에 대해 효과적인 가이드라인을 제시하는 안내자이기도 하다. 그러니 그의 전략을 그대로 따라 해서 우리도 청중을 키워보자!

알리는 내가 '콘텐츠 서클 프레임워크' Content Circle Framework 라 부르는 전략을 사용한다. 기본적으로 구체적인 주제를 정하고 그 주제에 관심이 있는 소수를 대상으로 콘텐츠를 제작해 해당 콘텐츠에 열광하는 팬을 확보한다. 그런 다음 서서히 콘텐츠 범위를 확대해서 더 많은 사람을 청중으로 끌어들이는 전략이다.

콘텐츠 서클 프레임워크는 다음 세 단계로 구성된다.

1. **핵심 서클:** 아주 한정된 청중부터 시작한다. 알리는 의과대학 교 입학시험을 준비하는 영국 사람들을 위한 콘텐츠를 제작 하는 것부터 시작했다. 틈새시장에서 자신의 틈새를 찾는 일 은 상당히 어려울 수 있지만 당신과 청중이 열정을 품은 영역 이라면 괜찮다.

2. **중간 서클:** 좀 더 많은 청중을 모으고자 한다면 핵심 서클에 게도 여전히 흥미로우면서도 더 많은 사람에게 매력적으로 다 가갈 콘텐츠를 제작해야 한다. 알리는 학습법과 생산성 향상 법을 전반적으로 다루기 시작했다. 이 두 가지는 모든 학생이 관심을 두고 알고자 하는 것이기 때문이었다.

3. **대형 서클:** 이제 중간 서클보다 더 큰 청중을 모으는 게 목표 다. 여기서도 콘텐츠는 핵심 서클과 중간 서클도 관심이 있는 것이어야 한다. 알리의 유튜브 영상 중에서 조회수가 가장 많 은 것은 그가 의과대학교 입학과 관련된 영상을 유튜브에 올 려 벌어들인 그의 소득에 관한 것이거나, 그가 생산성을 높이 는 데 사용하는 최신 애플 제품에 관한 영상이다. 핵심은 모 든 서클에 핵심 청중을 포함시킨 상태에서 영향권을 확대해가 야 한다는 점이다.

콘텐츠 서클 프레임워크의 또 다른 사례를 살펴보자. 유튜브에서 더 스틴즈 피시 탱크스Dustin's Fish Tanks란 채널을 운영하는 더스틴 분더리히 Dustin Wunderlich는 채널명 그대로 수족관을 리뷰하는 영상을 올리면서 채널을 시작했다.[14] 놀랍게도 수족관에 관심이 있는 사람들이 있었다. 시간이 흐르면서 그는 물고기와 관련된 모든 것을 주제로 콘텐츠를 제작했다.[15] 예를 들어 수조에 끼는 녹조를 제거하려면 어떤 물고기를 사야 하는지, 가장 잘 팔리는 수족관 해조류는 무엇인지에 관한 영상도 제작했다. 현재 그는 15만 명의 구독자를 보유하고 있으며 물고기와 수족관 용품을 판매하는 100만 달러 온라인 사업을 운영하고 있다.

카일 라소타Kyle Lasota는 오스틴에서 카일갓카메라kylegotcamera라는 멋진 이름의 유튜브 채널을 운영하는 크리에이터다.[16] 그는 바이오해킹(생활 방식을 바꾸고 기술을 활용해 신체와 정신을 건강하게 하는 행위—옮긴이)에 관심이 있어서 냉수욕, 레드 라이트 테라피, 사우나, 수면 보조기구, 영양제 등을 리뷰하는 영상을 올린다. 그의 유튜브 구독자 수는 1만 6,000명에 이르지만 핵심 서클과 끈끈한 유대관계를 형성했음에도 동영상 조회수는 겨우 400회 정도다. 그러나 그는 연관 제품이나 서비스를 판매해서 연간 100만 달러의 순수익을 번다. 카일은 자신의 핵심 서클을 잘 알고 그들은 그를 '사랑'한다!

이번에는 오프라인으로 눈을 돌려보자. 앤디 슈나이더Andy Schneider는 닭의 마음을 읽는다고 해서 '치킨 위스퍼러'라는 별명을 갖고 있다.[17] 그는 애틀랜타의 외곽에서 닭을 기르고 있다. 그런데 사람들이 그에게 닭을 기르는 정보와 비결을 자꾸 물어왔다. 그래서 자신의 양계장에서 정기적으로 모임을 열기 시작했다(마치 실시간 유튜브처럼!). 그로부터 5년 뒤 앤디는 라디오에서 프로그램을 진행하고 잡지를 만들고 책도 출판했다. 지금은 미국 전역을 돌아다니면서 워크숍을 열고 있다. 그는 이 일들로 수십만 달러를 벌었다. 여기서 중요한 점은 이 모든 일이 자기 집 뒷마당에서 닭을 키우고 싶은 소수를 위한 콘텐츠를 제작하고 제공하는 데서 출발했다는 것이다.

먼저 당신의 핵심 서클에 해당하는 소수가 무엇을 원하는지 명확하게 파악하고 그들에게 믿을 수 있는 정보를 제공하자. 여기서 '당신이 제공할 콘텐츠+타깃 시장'이란 공식을 이용해보자.

- **핵심 서클:** 증발식 냉각기 세척법+미국 서부 지역
- **중간 서클:** 세탁 세제 선택법+생애 첫 내 집 구매자
- **대형 서클:** 진공청소기 추천 BEST 10+가족

제공하려는 콘텐츠와 타깃 시장이 정해졌다면 이 틈새시장에서 자신만의 독특한 관점을 찾아야 한다. 자신만의 시각을 찾을 때는 다음 질문에 답해보는 게 도움이 될 것이다.

- 모두가 옳다고 생각하지만 나는 틀렸다고 생각하는 것은 무엇인가?
- 타깃 시장에서 언급되지 않지만 관심을 두고 해결해야 하는 것은 무엇인가?
- 타깃 시장에서 사람들이 크게 실수하고 있지만 그 누구도 관심을 두지 않는 것은 무엇인가?

결론적으로 말해서 청중은 유용하고 놀라운 무언가를 배우고자 한다. 그리고 그 여정을 당신과 함께하길 바란다.

챌린지 14

자신만의 콘텐츠 서클을 만들자

아이디어의 사업성을 검증하던 때를 생각해보자. 당신이 어필하고 싶은 고객은 누구이고 제공하려는 콘텐츠는 무엇인가? 고객이 들었을 때 신날 만한 콘텐츠에 당신은 어떤 개성을 담아낼 것인가?

공식 = 당신이 제공할 콘텐츠 + 타깃 시장

핵심 서클: _____

중간 서클: _____

대형 서클: _____

구루가 아닌 길잡이가 되어라

그동안 유튜브에 영상 수천 개를 제작해 올리면서 배운 게 있다면, 사람들은 모르는 게 없는 구루에게서 설교를 듣기보다 어디든 함께 가줄 가이드를 원한다는 것이다. 이것이 내가 100만 달러짜리 사업 아이디어를 사업화하는 과정을 그토록 시시콜콜 유튜브에 올렸던 이유다.

이 부분에서는 알리를 따를 자가 없다. 그는 거의 모든 영상에 '내가 …하는 법'이라거나 '…하는 법'이란 제목을 붙인다. 그는 이 영상에서 자신이 의과대학교 입학시험을 어떻게 준비했는지, 아이패드 프로를 이용해 메모를 어떻게 하는지 또는 어떻게 타자를 빨리 칠 수 있는지 사람들에게 보여준다.

여기서 목표는 무언가를 하는 당신의 모습을 영상으로 기록하는 것이지, 모두가 해야 한다고 생각되는 것을 콘텐츠로 제작하는 것이 아니다. 자신을 무언가에 도전하는 사람으로 포지셔닝하고 도전과 성장 과정을 콘텐츠로 제작해서 기록하면 이 콘텐츠를 본 청중은 당신과 공감대를 형성한다. 내가 올린 영상 중에서 가장 인기가 많은 영상은 주로 내가 사업에 실패하는 내용이 담긴 영상이다. 사람들은 실제로 어떤 일이 벌어지는지를 알고 싶지, 그들이 원한다고 당신이 생각하는 것만 담긴 콘텐츠를 원하지 않는다.

영상으로 기록할 게 없다고 생각하고 있다면 오산이다. 사무직원이든, 어떤 취미를 갖고 있든 그것을 하는 당신에게는 사람들이 배우고 싶은 무언가가 있을 수밖에 없다. 여기에 적합한 사례가 맷의 유튜브 채널인 오프로드 리커버리 Off-Road Recovery 다.[18] 구독자 수가 140만 명에 이르는 이 유튜브 채널에서 맷은 견인 트럭 운전기사로 일하며 생계를 유지하는 자신의 모습을 재미있고 유익한 영상으로 찍어서 사람들에게 보여준다.

청중의 길잡이가 되면 좋은 점이 있다. 곧바로 그들과 소통할 수 있다는 것이다. 나는 먼슬리1K 강연을 듣는 수강생들에게 주어진 시간 안에 사업성을 검증해 보일 테니 아무 사업 아이디어나 제시해달라고 말했고, 이는 스모 저키로 이어졌다. 이렇게 나는 내 청중에게 어려운 챌린지를 던져달라고 요청하고 그 과제에 바로 착수한다.

공연을 보는 청중을 무대 위로 불러올리면 그들은 자신이 그 쇼에 없으면 안 되는 중요한 역할을 맡았다고 생각한다. 이는 당신이 제작하는 콘텐츠도 마찬가지다. 청중은 콘텐츠를 통해 당신과 소통하고, 이 과정에서 당신은 콘텐츠의 수준을 높일 수 있으며 결과적으로 더 많은 청중을 끌어들일 수 있다.

리걸이글LegalEagle 이란 유튜브 채널을 운영하는 데빈 스톤Devin Stone 은 이렇게 청중이 참여하는 콘텐츠를 제작하는 데 천재다.[19] 그는 사람들에게 영상을 시청하고 변호사처럼 반론의 형태로 댓글을 남겨달라고 말한다. 그러면 그가 댓글을 읽고 그 주장이 유효하다고 인정하거나 근거가 없다고 기각하는 코멘트를 단다.

이제 당신의 청중과 함께 무엇을 해야 할지 감이 오는가? 그렇다면 다음 장에서 청중을 고객으로 바꾸는 방법에 대해 살펴보자.

챌린지 15

콘텐츠 하나를 올려보자

사람들이 볼 수 있게 콘텐츠를 하나 올려보자. 어떤 형태든지, 원하는 대로 콘텐츠를 제작해보자. 유튜브 영상을 제작할 수도 있고, 트위터에 짧지만 강렬한 메시지를 올릴 수도 있고, 블로그에 콘텐츠를 게시할 수도 있다. 이미 당신은 이번 장에서 콘텐츠 제작에 필요한 첫 단계를 밟았다.

1. 그 누구에게도 없는 비법 소스 같은 **나만의 개성**을 파악한다.
2. 콘텐츠를 제작해서 올릴 **플랫폼**을 선택한다.
3. 나중에 더 큰 청중을 확보하는 출발점이 될 **핵심 콘텐츠 서클**을 정의한다.
4. 제작한 콘텐츠를 **오늘 올린다.**

아마 마지막 단계가 가장 어려울 것이다. 시나리오나 카메라 장비 따위는 걱정할 필요 없다. 이렇게 만든 콘텐츠를 보는 사람이 없을까 봐 걱정하지도 마라. 중요한 건 자신만의 청중을 확보하기 위해 첫발을 내디뎠다는 것이다.

제7장

홍보는 수익이 목적이다

. . .

이메일로 떼돈을 벌어보자

앱스모는 남부끄럽지만 '발기'란 단어를 쓴 이메일로 첫 1만 달러를 벌었다. 서비스 초기에 앱스모의 사업 모델은 합리적인 가격에 좋은 제품을 소개하고 구매를 유도하는 이메일을 많은 사람에게 보내서 매출을 올리는 것이었다.

사업을 시작한 지 얼마 안 됐을 때 나는 불가리아 출신의 17세 청년 니콜라와 함께 직접 영업 이메일을 작성했다. 니콜라는 영어를 그리 잘하지는 못했다(니콜라가 기분 나빠 하지 않길!). 그래도 우리는 이메일 한 건당 대략 100달러를 벌었다. 우리가 영업 이메일로 벌었던 가장 큰돈은 1,000달러였다. 당시 나는 지금 당신처럼 이제 막 출발했을 뿐이었다.

어느 날 친구인 네빌 메도라Neville Medhora가 와서 영업 이메일을 자기가 쓰게 해달라고 졸랐다. 카피라이터였던 네빌은 앱스모의 영업 이메일이 너무 '영업, 영업, 영업'만 외쳐대는 바람에 사람들이 무시한다고 했다. 더불어 매력적인 이야기를 풀어내는 기업가가 높은 매출을 기록한다고도 했다. 하지만 나는 스토리가 사람들에게 거는 '마법'을 다소 회의적으로 여겼고 나와 니콜라의 영업 이메일에 아무 문제가 없다고 생각했다. 우리는 잠재 고객을 정확하게 공략하고 있으며 앱스모가 성장할 것이라고 믿었다.

그렇지만 네빌에게 영업 이메일을 쓸 기회를 한번 준다고 해서 잃을 건 없다고 생각했다. 그래서 그에게 폰트 앱인 케르네스트Kernest를 소개하는 영업 이메일 초안을 작성해보라고 했다. 참고로 나는 폰트 앱에 대해 아는 게 하나도 없었다. 니콜라라면 '이 제품을 좋은 조건에 구매하는 행사가 진행되고 있어요. 행사 기간에 제품을 구입하면 1,000달러를 절약할 수 있어요!'라는 내용의 영업 이메일을 작성하고 그 안에 결제 버튼을 추가했을 것이다. 이는 내가 주로 작성하는 영업 이메일 양식이기도 했다. 우리가 쓰는 영업 이메일에는 '지금 당장 구매하세요!'라는 내용만 있었고 그 외에는 아무 내용도 없었다.

한 시간 뒤 네빌은 대략 쓴 영업 이메일 초안을 보내왔다. 그 초안을 보고 나는 생각이 완전히 바뀌었다. 기업가는 고객과 소통해야 한다. 나는 그가 쓴 영업 이메일의 첫 문장을 결코 잊을 수가 없다.

"'개러몬드'Garamond란 단어만 들어도 발기하는 당신, 이 거래에 관심이 생길 겁니다.'[1]

나는 개러몬드가 뭔지 몰랐다. 하지만 네빌의 영업 이메일은 그 낯 뜨거운 단어가 포함된 문장을 시작으로 갈수록 재미있고 매혹적으로 이야기를 풀어갔다. 그 이메일에는 서체 때문에 겪었던 난처했던 상황이 재미있게 적혀 있었고, 사람들에게 케르네스트를 사용하면 그런 상황이 일어나지 않는다고 말해주었다.

네빌은 스티브 잡스가 폰트에 매혹된 일화를 소개하고 있었다. 잡스가 헬베티카Helvetica 폰트와 어떻게 사랑에 빠졌고 어떻게 달달한 사랑을 나눴는지가 아주 구체적으로 묘사돼 있었던 것이다. 헛웃음이 날 정도로 어처구니없는 이야기였지만 이걸 읽는 독자의 표정이 머릿속에 떠올랐다.

네빌의 영업 이메일이 전달하려는 핵심 메시지는 정해진 행사 기간에 저렴하게 케르네스트를 구입할 기회를 잡으라는 것이었다. 하지만 그의 이메일과 내 이메일의 가장 큰 차이는 바로 '광고 문구'였다. 그의 이메일에는 진짜 사람이 등장했다. 그 사람은 폰트 때문에 버둥대고 농담하고 웃으며 좋은 정보를 제공했다.

여기서 끝이 아니었다. 실제로 사람들은 내가 쓴 영업 이메일보다 네빌이 쓴 새로운 버전의 영업 이메일에 더 적극적으로 반응했다. 우리는 네빌이 쓴 영업 이메일로 24시간 동안 무려 9,563달러를 벌어들였다! 이메일에 약간의 개성을 추가한 것만으로 약 100배 더 많은 돈을 번 것이다! 다음은 우리가 사람들에게 보낸 영업 이메일 최종본이다(최종본에서는 '발기'란 단어를 삭제했다. 기업은 외설적인 내용이 포함된 이메일은 필터링하기 때문이다).

제목: 스티브 잡스는 처음부터 서체에 집착했습니다.

받는 사람: <testy3@okdork.com>

보내는 사람: 앱스모 <noah@appsumo.com>

지금부터 제가 당신의 시간을 절약해드리겠습니다. '루시다 산스 유니코드' Lucida Sans Unicode 나 '커리어 뉴' Courier New 란 단어를 보고도 아무 생각이 들지 않는다면 이 이메일을 삭제해도 좋습니다.

보시다시피 이 이메일에는 서체에 발광하는 '폰트광狂'을 위한 정보가 담겨 있습니다. 이 이메일을 읽고 있는 당신! 자신이 어떤 유형의 사람인지 그 누구보다 잘 알 겁니다! '개러몬드!' 이 속삭임에 다리 힘이 풀리나요? 그렇다면 부정하고 싶겠지만 당신은 폰트광입니다.

사회적으로는 자기는 폰트에 미친 사람이 아니라 폰트 디자이너나 폰트 개발자라고 말하고 다닐지도 모르죠. 하지만 우린 당신이 아주 은밀한 곳에서 베르나다 Verdana 의 우아한 곡선을 보며 성적 흥분을 느낀다는 걸 압니다. 이것이 오늘 당신에게 이 이메일을 보낸 이유이기도 합니다.

스티브 잡스는 아름다운 서체에 사로잡힌 자신을 다음과 같이 설명했습니다.

"산세리프, 세리프 등의 서체, 글자 조합 사이의 간격을 조정하는 것 그리고 훌륭한 타이포그래피의 조건 등에 대해 배웠습니다. 아름답고 역사적이고 예술적이고도 미묘한, 그래서 과학으로는 도저히 따라올 수 없는 타이포그래피의 세계에 흠뻑 빠져버렸죠."

잡스처럼 아름답고 예술적인 서체를 향한 욕정이 갈수록 강렬해지는 당신, 이 욕정을 해소할 방도가 필요하시죠? 그 방도가 바로 당신 눈앞에 있습니다. 케르네스트! 지금 제가 하는 말을 제대로 들었나요? 네, '케르네스트'라고 했습니다. 케르네스트는 서로 잘 어울리는 서체를 매의 눈으로 찾아주고, 매달 HTML과 CSS와 완벽하게 조화를 이루는 새로운 서체를 출시한답니다.

이 이메일을 읽고 있는 당신이 저와 같다면 아마도 이럴 겁니다. '정말로 예뻐 보이는 것'을 보면 금방 구분해내지만 때때로 왜 예뻐 보이는지를 알지 못하죠. 전 깔끔한 웹사이트를 한눈에 알아보지만 제 웹사이트는 프랑켄슈타인처럼 끔찍하게 보일 뿐 왜 매끈하게 보이지 않는지 그 이유를 모릅니다.

그런데 그 이유가 타이포그래피인 경우가 많습니다. 예를 들어 에어리얼Arial 12포인트와 타호마Tahoma 36포인트를 함께 사용하면 어딘가 어색하죠. 서체의 색상에 대해선 말할 것도 없죠. 난처한 저를 구해줄 구세주는 케르네스트였습니다.

케르네스트만 있으면 새로운 폰트들이 나왔을 때 어떤 폰트가 어울리는지 이리저리 조합해보는 수고를 덜 수 있습니다. 새로운 폰트는 그 자리에서 즉시 사용해볼 수 있습니다. 이것저것 조합해서 아름다운 폰트 조합을 찾아내는 것은 우리의 연금술사인 케르네스트가 할 겁니다.

인생에 공짜는 없는 법! 케르네스트도 무료는 아닙니다. 월 15달러면 케르네스트가 매의 눈으로 선택해 조합한 폰트를 받아볼 수 있습니다. 하지만 저는 친애하는 앱스모 가족에게 아주 좋은 조건을 제시하고자 합니다. 1년에 180달러만 내면 매달 이 서비스를 마음껏 누릴 수 있습니다. 이 돈만 내면 1년 동안 케르네스트를 사용해 고객의 다리를 후들거리게 할 아주 멋진 작업물을 내놓을 수 있어요.

하지만 이 돈을 다 주고 케르네스트를 사용하라고 하면 저와 앱스모는 분노할 겁니다(앱스모는 좋은 거래에 굶주려 있죠). 케르네스트는 1년 치 사용료보다 저렴하게 평생 사용권을 앱스모 가족에게 제공하기로 했습니다(케르네스트가 이 조건을 받아들이도록 위협도 좀 하고, 힘도 좀 썼습니다!).

이 말인즉 월이나 연 단위로 요금을 지급할 필요가 없다는 말입니다. 서비스를 사용하지 않는다고 위약금을 낼 필요도 없다는 말이죠. 이와 관련해서 낼 돈은 '아무것도' 없습니다. 그저 매달 마법처럼 서로 잘 어울리는 폰트 조합으로 아름다운 타이포그래피를 곁들여서 볼품없는 프로젝트에 생명을 불어넣으면 됩니다.

지금까지 앱스모에서 진행한 프로모션을 이용해보셨다면 아셨겠지만 이 조건으로 케르네스트를 사용할 수 있는 기간은 정해져 있습니다. 이 프로모션이 끝난 후 뒷북치면서 이 조건으로 케르네스트를 사용할 수 있게 해달라고 징징대도 별수 없어요.

앱스모에서 프로모션 완료까지 얼마나 시간이 남았는지 확인할 수 있습니다. 디자이너라면 지금 당장 생기 없는 디자인에 케르네스트의 아름다운 폰트 조합으로 생기를 불어넣어 경쟁에서 앞서 나가세요. 케르네스트를 평생 사용할 수 있는 평생회원권이 여기 있습니다.

추신. 이번 프로모션 기간에 케르네스트의 평생회원이 되면 지난 4개월 동안 출시된 폰트 조합도 무료로 사용할 수 있습니다(앱스모가 설득을 가장 한 협박으로 이 조건을 받아냈습니다). 가입하는 즉시 그 폰트 조합을 사용해 볼 수 있습니다. 이제 48시간 남았습니다.

당신의 친애하는 친구

@NoahKagan

이렇게 시답잖은 농담 같은 영업 이메일로 우리의 수익은 100배 증가했다. 나는 이메일 구독자들과의 소통 방식에 대해서 다시 생각하게 됐다. 네빌의 아이디어에서 시작된 케르네스트 프로모션 이메일은 재미있었다. 그저 제품 프로모션이라는 목적에만 충실한 영업 이메일이 아니었다. 제품이나 서비스를 판매하는 주체가 스스로 판매 행위를 즐길 때 매출은 반복해서 상승세를 보였다.

앱스모를 출시하기 15년 전에 나는 오케이도크에서 상당한 규모의 청중을 모으고 확대하는 법을 익혔다. 오케이도크에서 블로그 활동을 하면서 내 블로그 주제에 흥미를 지닐 사람들을 공략하고 내 열정을 노출하고 나를 따르는 사람들과 상호작용했다. 그리고 이 모든 과정을 진심으로 즐겼다.

이후 청중을 모으고 쉽게 들뜨는 괴짜 기질이 있는 나와, 사업가로서의 나를 어느 지점에서 분리해야 한다고 생각하게 됐다. 1만 달러의 이익이라는 눈이 번쩍 뜨일 정도로 놀라운 경험을 하기까지 나는 사업에 내 청중 동원력을 접목하는 데 번번이 실패했다. 새로운 제품과 서비스를 출시하거나 새로운 사업을 시작할 때마다 처음부터 다시 청중을 모았다. 마치 기억상실증에라도 걸린 것처럼 말이다.

그러나 네빌의 이메일이 이 모든 것을 바꿨다. 그의 이메일은 마케팅과 영업 방식에 내 개성을 녹여내도 좋다고 허락하는 것 같았다. 더 중요하게는 그의 이메일 덕분에 이메일만이 지닌 힘에 대해 눈을 뜨게 됐다. 나는 이제 소셜미디어, 스토리텔링, 이메일로 진짜 큰 규모의 사업을 만들어내는 법을 알게 됐다.

앞서 제6장에서 소셜미디어에서 공짜로 청중을 모아봤고 느긋하게 그들에게 어필해서 당신의 사업 성공을 응원하도록 만드는 법도 배웠다. 이제는 그들을 자동 이메일 시스템, 즉 당신의 이메일 주소록에 추가해 정기적으로 소통하면서 사업이 성공하길 응원하는 청중에서 매출을 발생시키는 고객으로 변화시킬 때다. 청중을 거액의 수표를 찍어내는 기계로 바꾸는 과정은 간단하게 4단계로 구성된다. 앱스모는 이 과정으로 활성화된 이메일 구독자 목록을 확보했다.

준비됐는가? 그럼, 시작해보자! 이번 장에서는 다음과 같은 내용을 배울 것이다.

- 사람들의 흥미를 돋우는 유용한 무료 콘텐츠로 사람들이 웹사이트에 가입하도록 만드는 법
- 단순하면서 효과적인 랜딩 페이지를 만들고 사업을 널리 홍보하는 법
- 24시간 동안 새로운 구독자에게 이메일이 발송되도록 이메일 시스템을 자동화하는 법

리스트가 힘이다

다음 중 사업을 할 때 가장 가치 있는 것은 어느 것일까?

A. 이메일 구독자 100명
B. 유튜브 구독자 1,000명
C. 인스타그램 팔로워 1만 명

위 질문의 대답을 듣고 나면 깜짝 놀랄지도 모르지만, 정답은 A다. 고객과 소통할 때 이메일만 한 것은 없다. 다른 플랫폼의 변덕스러운 알고리즘에 휘둘릴 필요 없이 이메일만으로도 유통과 고객 소통을 직접 통제할 수 있다. 그래서 이메일은 마케팅에서 가장 귀한 채널이다. 사업할 때 이메일이 최고라는 내 의견에 여전히 회의적인가? 그렇다면 이메일이 사업할 때 최고일 수밖에 없는 여섯 가지 이유를 살펴보자.

첫째, 현재 앱스모의 연간 거래액은 대략 8,000만 달러다. 그런데 그거 아는가? 약 50퍼센트에 이르는 매출이 이메일에서 발생한다. 이는 10년이 넘는 긴 세월 동안 일관적이었다.

내 말을 못 믿겠는가? 내게는 트위터 팔로워 12만 명, 유튜브 구독자 75만 명, 틱톡 팬 15만 명이 있다. 하지만 나는 이메일 구독자 10만 명을 위해서라면 이들 모두를 포기할 수 있다. 왜냐고? 내가 이메일을 보낼 때마다 4만 명이 내가 보낸 이메일을 열어보고 나의 콘텐츠를 소비하기 때문이다. 이것이 둘째 이유다. 나는 주요 플랫폼에서 이메일처럼 사람들과 직접 소통할 수 있기를 바라지도 않는다. 이메일이 아닌 다른 플랫폼에서 내 콘텐츠에 관심을 두는 사람은 100명에서 100만 명 사이로 들쑥날쑥하며, 이 숫자는 일관성도 없고 그들을 통제할 수도 없다.

당신이 무슨 소릴 할지 나도 안다. "이봐, 노아. 이메일은 한물간 매체라고." 그렇다면 당신에게 되묻겠다. 당신이 마지막으로 이메일을 확인했을 때가 언제인가? 바로 그것이다! 40억 명이 강박적으로 이메일을 열어본다. 이메일은 한꺼번에 많은 사람과 동시에 소통하는 것을 가능하게 하는 소통 채널이다. 이것이 이메일이 최고의 소통 방식인 세 번째 이유다. 지구인의 89퍼센트가 매일 이메일을 확인한다!

넷째, 소셜미디어는 당신의 콘텐츠를 누가 그리고 몇 명이 볼지를 결정한다. 알고리즘을 살짝만 수정하면 당신은 말 그대로 끝장난다. 온라인 매거진인 리틀싱스LittleThings를 기억하는가? 아마 아무도 기억하지 못할 것이다. 페이스북이 2018년 알고리즘을 변경한 뒤 그들은 2,000만 명에 이르던 월 방문객 수의 75퍼센트를 잃었다. CEO 조 슈파이저Joe Speiser는 이로 인해 사업을 접었으며 1억 달러의 손해를 입었다고 밝혔다.[2]

다섯째, 당신의 이메일 주소록은 영원히 당신의 것이다. 앱스모가 내일 당장 문을 닫더라도 나의 보험이자 사랑스러운 아가, 나의 연인인 이메일 주소록은 나와 함께다. 나는 이 이메일 주소록으로 앱스모보다 훨씬 쉬운 사업을 시도해볼 수도 있다. 이메일 주소록이 내 것이기에 가능한 일이다.

여섯째, 이메일 주소록에 주소를 추가한다거나 여기에 저장된 사람들

＿

고객과 소통할 때
이메일만 한 것은 없다.

에게 이메일을 보내는 데는 큰돈이 안 든다. 하지만 페이스북이나 구글에 광고하려면 상당한 광고비를 지불해야 한다.

내가 아는 거의 모든 기업가가 이메일 주소록을 제대로 관리하지 않은 것을 가장 후회하는 일로 꼽았다. 그들은 모두 "이메일 주소록을 좀 더 일찍 관리하고 사업에 활용했으면 좋았을 뻔했어."라고 했다. 당신은 이들과 같은 후회를 하지 않기를 바란다. 이메일 마케팅은 당신이 새로 사귄 제일 친한 친구가 돼야 한다.

청중을 어디서 어떻게 모았든지 간에 이 청중에게서 지속적으로 매출을 발생시키는 유일한 방법은 이메일 마케팅이다. 그들의 이메일 주소가 없다면 '청중을 모았다'라고 할 수 없다. 새로운 소셜미디어가 아무리 많이 등장하더라도 이메일은 청중과 관계를 맺고 지속하는 데 가장 효과적인 소통 채널이다.

설령 이 순간에 이렇다 할 사업을 하고 있지 않더라도 지금 바로 이메일 주소록을 만들고 관리하는 것이 좋다. 이렇게 하면 사업을 하고 싶을 때 당신을 '도우려는' 신뢰할 수 있는 사람들이 이미 곁에 있는 것과 다름없다.

다음 주제로 넘어가기 전에 반드시 짚고 넘어가야 할 아주 중요한 게 하나 있다. 바로 당신이 성공하기를 바라는 사람들을 곁에 두는 게 중요하다는 것이다. 이메일 주소록의 질을 평가할 때 얼마나 많은 이메일 주소가 담겨 있느냐는 평가 기준이 아니다. 이메일 주소록에 10만 명이 있더라도 그중에 당신을 진정 아끼는 이가 없다면 의미가 없다.

나의 멋진 친구인 찰리의 고객 중에 자신의 책을 홍보하려고 100만 명의 이메일 주소가 저장된 이메일 주소록을 산 부동산업계 거물이 있었다(참고로 찰리는 팀 페리스, 라밋 세티, 터커 맥스Tucker Max와 일했다). 그 이메일 주소록은 대형 마트와 대형 식당에서 가격 할인을 받으려고 프로모션에 가입했던 사람들의 이메일 주소로 구성되어 있었다. 한마디로 그 부동산업계 거물과는 아무 상관 없는 사람들의 이메일 주소였다. 찰리는 그들에게 연이어 다섯 건의 이메일을 발송했지만 이메일을 열어본 사람은 100명도 채 안 되었다. 이처럼 이메일 마케팅에서 중요한 것은 양이 아니라 질이다.

이메일 주소록에 있는 사람들에게 이메일을 보냈을 때 당신을 알고 신뢰하기 때문에 그 이메일을 확인하는 사람은 몇 명이나 되는가? 이메일 확인율이 20퍼센트 정도면 당신은 유효한 이메일 주소록을 잘 관리하고 있는 셈이다.[3] 그들을 집중적으로 공략하라. 이메일 주소록에 담긴 주소 수가 아니라 당신이 보낸 이메일을 열어 확인하게 만드는 상대방과의 유대관계가 이메일이 지닌 진정한 힘이다.

이제 고민해야 할 중요한 질문은 '이메일 주소록에 저장할 첫 번째 주소를 어떻게 확보할까?'이다. 어떻게 하는지 지금부터 살펴보자.

잘 만든 랜딩 페이지의 힘

당신의 잠재 고객에겐 당신의 이메일 리스트에 스스로 등록할 수 있는 경로가 필요하다. 지메일이나 기타 이메일 시스템으로 메일링을 시작할 수도 있겠지만 보통 기업, 마케터, 스타트업 창업자와 콘텐츠 크리에이터는 타깃을 랜딩 페이지로 보내서 리스트를 구축한다.

질리앵 마리옹Julien Marion은 먼슬리1K 수강생으로 사람들의 수면 질을 개선하려고 시작한 사업인 슬립스모Sleep Sumo 랜딩 페이지를 다음과 같은 문구를 넣어 제작했다.

'바로 그겁니다! 제게 이메일을 보내주시면 꿀잠을 잘 수 있는 팁을 알려드리겠습니다. 매주 수면의 질을 개선하는 데 도움이 되는 팁을 무료로 제공해드릴게요. 간단하죠!'

랜딩 페이지는 이미지, 단어 몇 개와 사람들이 업데이트를 받을 수 있도록 자신의 이메일을 등록하는 상자로 구성된 단순한 웹 페이지다. 바로 이 랜딩 페이지에서 질리앵처럼 '리드 마그넷'Lead Magnet (잠재 고객의 세

● 질리앵의 슬립스모 랜딩 페이지

부 정보를 수집할 목적으로 제공하는 무료 콘텐츠 혹은 서비스—편집자)을 주는 거다. 즉 당신이 이 페이지를 만들어 해야 할 일은 잠재 고객을 '자석처럼' 끌어당길 가치 제안을 하고 그들의 이메일 주소를 수집하는 것이다.

챌린지 16

랜딩 페이지를 구축하자

센드폭스닷컴SendFox.com에서 질리앵처럼 나만의 랜딩 페이지를 무료로 만들 수 있다(참고로 센드폭스가 랜딩 페이지 설계 서비스를 제공하도록 도운 사람이 나다). 메일침프닷컴Mailchimp.com, 웹플로닷컴Webflow.com, 컨버트키트닷컴ConvertKit.com 같은 웹사이트에서도 랜딩 페이지를 설계할 수 있다. 밀리언달러위켄드닷컴MillionDollarWeekend.com에서 몇 가지 랜딩 페이지 예시를 찾아볼 수 있다.

첫 구독자 100명 확보하기

이메일 주소를 0개에서 10개로 늘리는 드림 텐

이메일 주소록을 만드는 가장 쉬운 방법은 무엇일까? 바로 기존의 네트워크를 이용하는 것이다. 그렇다, 드림 텐이다! 이들은 당신을 알고 있을 뿐 아니라 당신을 매우 좋아하고 아끼는 사람들이다. 드림 텐은 당신과 깊은 관계를 맺고 자주 소통하는 사람들로, 당신의 웹사이트를 방문해 콘텐츠를 구독하고 다른 사람들에게 당신의 웹사이트와 콘텐츠를 공유하고 싶어 안달이 나 있다. 그들은 모든 도미노를 쓰러뜨리는 첫 번째 도미노처럼 이메일 주소록을 구축하고 이메일 주소를 확보하는 데 매우 중요한 사람들이다.

내 메일링리스트에는 어머니, 형제와 친한 친구들이 포함되어 있다. 무작위로 일면식도 없는 사람들에게 접근하기 전에 지금 당장 활용할 수 있는 자산과 네트워크를 먼저 살펴야 한다.

드림 텐에게 이메일을 보낼 때 사용하면 좋은 서식 하나를 소개하고자 한다. 대괄호 안에 당신의 사업에 해당하는 내용을 넣어 보내면 된다. 먼슬리1K 수강생이었던 브라이언 해리스Bryan Harris 는 이 서식으로 비디오프루트Videofruit 에서 1만 명이 넘는 사람들의 이메일 주소를 확보할 수 있었다. 그는 자신의 드림 텐에게 다음과 같은 내용으로 이메일을 보냈다(실제로 그는 10명 이상에게 이 이메일을 보냈다).

안녕하세요, [고객 이름]!

제가 [사업 설명]을 시작했다고 알려드리고자 이렇게 연락드려요.

저는 [주제]에 대해서 [주간 기사/주간 팁]을 작성해서 배포하려고 해요.

혹시 관심 있으세요?

구독 방법은 어렵지 않아요! [랜딩 페이지 주소]로 가서 이메일 주소를 넣으면 구독하실 수 있어요. 아니면 제게 '네, 구독해보고 싶어요'라고 회신을 주시면 제가 직접 이메일을 등록해드릴게요!

그럼 하시는 모든 일이 잘되시길 바랍니다!

[당신 이름]

이게 전부다! 구독하고 싶다는 회신이 오면 구독자 목록에 해당 이메일 주소를 등록하면 된다(이미 알고 있는 사람에게 보내는 이메일이기 때문에 긍정적인 회신이 올 가능성이 크다).

이메일 주소를 11개에서 50개로 늘리는 게으른 마케팅

이제 랜딩 페이지를 만들었으니 널리 알릴 일만 남았다. 분명히 웹사이트에서 랜딩 페이지를 적극적으로 홍보하고 있을 것이다. 보통 홍보 영상에 삽입하는 콜 투 액션Call To Action(홈페이지 방문자에게 어떤 행동을 권하거나 유도하는 도구 또는 기법을 뜻하는 마케팅 용어—옮긴이)을 이용해 랜딩 페이지를 홍보할 수도 있다. 그리고 다른 사람들과 소통할 때 사용하는 모든 매체에 랜딩 페이지로 이어지는 링크를 삽입하면 홍보 효과를 더욱 높일 수 있다. 다음 매체들에 랜딩 페이지 주소를 삽입해 홍보 효과를 높여보자.

- 이메일 서명
- 트위터, 링크드인, 틱톡, 인스타그램, 페이스북의 자기소개

위와 같은 매체에 랜딩 페이지 주소를 삽입하면 대부분이 생각하는 것보다 효과적인 마케팅 효과를 누릴 수 있다. 평균적으로 한 사람이 하루에 발송할 수 있는 이메일은 대략 40건이다.[4] 매일 최소한 40개의 이메일에 랜딩 페이지 주소를 삽입할 수 있다는 말이다. 랜딩 페이지 주소가 삽입된 이메일은 당첨 확률이 평균 이상인 복권 40개나 다름없다. 그냥 내 이메일 서명처럼 재미있게만 만들어보자.

(이메일과 소셜미디어 자기소개에 랜딩 페이지 주소를 삽입할 때 조회수를 추적하는 웹사이트인 비틀리닷컴Bitly.com이나 링크트리닷컴Linktree.com을 사용하면 여기서 발생하는 트래픽과 전환율을 측정할 수 있다.)

● 이메일 주소록을 늘리는 데 내가 사용한 이메일 서명

챌린지 17

이메일 서명과 소셜미디어 자기소개를 업데이트하자

랜딩 페이지 주소를 이메일 서명과 소셜미디어 자기소개에 삽입해보자. 내 트위터 twitter.com/noahkagan 로 새로 만든 랜딩 페이지 링크를 보내라. 당신의 연락을 기다리겠다!

이메일 주소를 51개에서 100개로 늘리는 게시물

당신은 이미 소셜미디어에서 활동하면서 존재감을 발휘하고 있을 것이다. 이제 페이스북, 스냅챗, 트위터, 레딧 등 당신이 활발하게 활동하는 소셜미디어에 위 이메일을 편집해서 게시해보자.

여러분, 반가워요!

[주제]에 대한 주간 뉴스레터를 시작했어요.

뉴스레터를 받아보고 싶은 분은 [웹사이트닷컴]을 방문해주세요.

자신이 활발하게 활동하는 소셜미디어에 광고성 게시물을 올리면 이메일 주소를 100개 가까이 확보할 수 있다. 가까운 사람들에게 주변에 당신의 콘텐츠를 추천해달라고 해서 이메일 주소를 더 많이 확보해보자. 가족과 친구에게 그들이 생각하기에 당신의 뉴스레터를 좋아할 만한 사람을 추천해달라고 하라. 어떤 사람을 찾고 있는지 구체적으로 설명할수록 그에 가까운 사람을 더 빨리 소개 받을 수 있다. 나 역시 이방법으로 스모 저키를 홍보하고 고객층을 넓혀나갔다. 나는 지인들에게 "회사에서 의사결정권이 있고 농담을 즐기는 사람을 알고 있나요?"라고 물었다.

그리고 지금 함께 일하는 사람들을 잊지 마라. 같이 일하다 보면 의견 충돌이 있을 수 있다. 하지만 당신의 성공을 응원하는 사람은 당신이 생각했던 것보다 많다!

구독자를 기반으로 고객층을 넓히자

크리스 폰 윌퍼트Chris Von Wilpert는 콘텐츠 마케팅 에이전시를 세우려고 했다. 그는 마케팅 소프트웨어 기업인 허브스폿이 자신의 잠재 고객층을 구성할 마케터들의 최대 관심사임을 알았다. 허브스폿의 트래픽 규모는 온라인 마케팅 기술 시장에서 세계 5위였다. 그래서 그는 전략 하나를 구상했다.

1. 허브스폿의 콘텐츠 마케팅 전략이 성공한 사례와 단점을 철저하게 분석해서 말도 안 되게 자세한 보고서를 작성하고 블로

그에 올린다. 그는 이 게시물을 작성하는 데 40시간을 투자했다.

2. 잠재 고객이 볼 수 있도록 소셜미디어와 각종 블로그에 해당 글을 게시한다.

3. 게시글 밑에 콜 투 액션을 삽입해 이를 읽는 사람이 서비스에 가입하고 자신이 수집한 성장 전략을 내려받도록 유도한다.

월퍼트는 닥치는 대로 분석 보고서를 여러 플랫폼에 올렸고 5,000명이 허브스폿의 성공을 낱낱이 파헤친 그의 분석 보고서를 읽었다. 이후 2주일 동안 이메일 주소가 0개였던 그의 이메일 주소록에 1,000명의 이메일 주소가 등록됐다! 양질의 콘텐츠를 무료로 배포하고 리드 마그넷으로 독자에게 가벼운 혜택을 제공했던 것이 효과가 있었다(월퍼트의 리드 마그넷은 등록한 구독자에게 성장 전략이 담긴 스프레드시트를 무료로 제공하는 것이었다.)!

● 월퍼트의 리드 마그넷

지금 당장 해야 할 일

진심으로 성장 마케팅을 잘해내고 싶다면 놀라울 정도로 유용한 '성장 비결 스프레드시트'를 다운로드하세요. ◀ 이메일 리드

일대일 마케팅 컨설팅이 필요하면 여기를 클릭하세요. ◀ 판매 리드

나는 그의 구독자 중 한 명이었다. 그가 올린 분석 보고서와 청중에게 다가가는 방식이 기가 막히게 좋다고 생각했기에 그에게 개인적으로 연락했다.

결론부터 말하면, 월퍼트는 이 방식으로 10만 달러를 벌었다. 나는 그에게 내 블로그 콘텐츠를 위해서 다른 회사의 성장 전략을 세세하게 분석해달라고 부탁했다. 그는 이번에도 철저하게 분석했고, 그의 보고서를 바탕으로 작성한 내 게시글은 역대 최고 조회수를 기록했다. 나는 그에게 6개월 동안 오스틴 사무실에 출근해서 일하는 조건으로 10만 달러를 주겠다고 제안했다. 그리고 그의 콘텐츠 마케팅 전략을 앱스모에 적용했다. 이 모든 건 사실이다!

서비스를 구독해달라고 사람들에게 말로만 부탁하는 것보다 실질적이고 매력적인 혜택을 제공하기 때문에 리드 마그넷은 효과적이다. 그렇다고 모든 리드 마그넷이 월퍼트의 경우처럼 복잡하고 많은 에너지를 쏟아야 하는 것은 아니다. 매력적인 혜택과 결합한 소박한 콘텐츠만으로도 이메일 리스트를 대폭 늘릴 수 있다. 다음은 내가 사용했던 리드 마그넷이다.

- 영상에서 설명한 내용을 제대로 이행했는지 확인할 때 사용 하는 체크리스트
- 사업의 이익률 등을 판단할 때 사용할 수 있는 서식
- 내가 영상에서 다룬 주제 하나를 좀 더 전문적으로 깊이 파고 드는 고급 가이드
- 상당한 가치를 제공하면서 무료로 제공되는 서적. 나는《휴대 폰으로 하루에 500달러를 벌 수 있는 부업 아이디어 11가지》 11 Side Hustle Ideas to Make $500/Day from Your Phone를 제공했다.

옵트인 방식(전화나 이메일 또는 유료 서비스를 제공할 때 수신자의 허락을 받은 경우에만 발송할 수 있도록 하는 서비스 방식—옮긴이)으로 제공되는 적절한 혜택은 콘텐츠의 성격에 따라 결정된다. 다음은 콘텐츠의 성격 에 따른 옵트인 혜택의 사례다.

- DIY 목공수는 코너 테이블 제작을 제안할 수 있다.
- 마케팅 유튜버는 영업 전화를 돌릴 때 참고할 수 있는 시나리 오를 제공할 수 있다.
- 조경 전문가는 미국 가정에서 심기 좋은 잔디 종류를 추천해 줄 수 있다.

맵트 아웃 머니Mapped Out Money라는 유튜브 채널을 운영하는 닉 트루Nick True는 개인 자산관리 소프트웨어인 와이냅YNAB의 활용법을 알려주는 튜토리얼 영상을 제작해서 유튜브에 올린다.[5] 그는 영상에서 다룬 주제와 관련된 체크리스트를 제공할 때 구독률이 가장 높았다는 것을 알게 됐다. 그의 유튜브 구독자들은 그가 영상에서 알려준 팁을 실제로 적용할 때 쓸 수 있는 소스를 받는 것을 정말로 좋아했다.

디지털 미디어 기업인 러브 앤드 런던Love and London을 경영하는 제스 단테Jess Dante는 잘 알려지지 않은 맛집과 가게를 소개하면서 런던 여행을 계획하는 사람들에게 유용한 팁을 제공하는 유튜브 채널을 운영하고 있다. 그녀가 제공하는 제일 인기 있는 옵트인 혜택은 런던을 처음 방문하는 사람이라면 알고 있어야 하는 정보가 모두 담긴 《런던 101 가이드》London 101 Guide를 무료로 배포하는 것이다. 이 안내서는 무려 4만 5,000회 이상 다운로드됐다.[6]

어디에 콜 투 액션을 삽입하느냐가 이메일 주소를 성공적으로 확보하는 데도 영향을 미친다. 유튜브 영상을 제작할 때도 다양한 지점이나 방식으로 콜 투 액션을 시도할 수 있다. 최고의 방법은 유튜브 영상 안에 당신이 제공할 추가 혜택이나 자원을 소개하는 짧고 유의미한 티저 영상을 삽입하고 시청자들에게 더 많은 정보를 얻을 수 있는 곳을 알려주는 것이다.

챌린지 18

리드 마그넷을 만들자

앞에서 대략 살펴본 과정을 거쳐 첫 번째 리드 마그넷을 만들어볼 때다. 처음에는 앞 장에서 만든 콘텐츠를 이용하거나 완전히 새로운 콘텐츠를 이용해 리드 마그넷을 구상할 수 있다. 첫 리드 마그넷을 만드는 데 두 시간 이상은 할애하지 않는 것을 추천한다. 대략 만든 첫 번째 리드 마그넷을 나중에 더 근사한 것으로 만들면 된다. 일단 시작은 소박하게 하자. MillionDollarWeekend.com에 가면 리드 마그넷 제작 서식을 얻을 수 있다(거기서 내가 어떤 리드 마그넷을 만들었는지도 확인해보라).

이제 앞으로 키워나갈 첫 번째 이메일 주소록이 마련됐다. 지금부터 이 주소록이 연중 내내 당신을 위해 일하도록 만들어보자.

자동 발송 기능은 돈이 된다

책 한 권을 정말로 재미있게 읽고 난 뒤에 사람들은 대체로 무엇을 할까? 아마 그 작가가 쓴 다른 책을 검색해볼 것이다. 마찬가지로 당신이 처음 제공한 제품이나 서비스를 좋아했던 사람들은 어떨까? 아마 틀림없이 당신이 제공하는 다른 제품이나 서비스도 사용해보고 싶어 할 것이다.

고객은 당신과 소통하거나 당신이 제공하는 서비스를 발견하는 순간 제일 신이 난다. 그러니 그냥 이 순간을 흘려보내지 말고 바로 이 순간에 고객에게 다른 경험을 제공해야 한다. 그들이 '당신을 원하기' 때문이다.

고객에게 첫 번째 이메일을 보내고 일주일이 넘도록 기다렸다가 새로운 정보를 제공하지 말고 자동 발송 기능을 이용해 즉각적으로 필요한 정보를 제공하라. 즉 곧장 최고의 콘텐츠를 제공하라. 그러면 당신이 이메일로 제공하는 콘텐츠를 즐기던 고객은 후속 콘텐츠에서 좋은 경험을 만끽할 것이다.

자동 발송 기능은 특정 행위에 반응해서 특정 집단에 일회성 이메일이나 연이어 이메일을 보낸다. 이메일 구독 서비스의 경우 랜딩 페이지에서 뉴스레터와 소식지를 받아보겠다고 신청한 새로운 구독자에게 자동으로 이메일을 발송할 수 있다. 이쯤 되면 이메일 자동 발송 기능은 돈 한 푼 받지 않고 종일 당신을 도와주는 개인 비서나 다름없다(노동의 대가를 지불하지 않는다고 미안해할 필요는 없다. 자동 발송 기능은 전혀 개의치 않는다!).

모든 이메일 발송 시스템에는 자동 발송 기능이 탑재되어 있다. 나는 개인적으로 센드폭스닷컴을 추천하지만 메일침프닷컴이나 컨버트키트닷컴도 쓸 만하다. 수많은 이메일을 보내본 내 경험에 따르면 다음처럼 3단계에 걸쳐 이메일을 보냈을 때 제일 효과적이었다.

1. 환영 이메일

제목: 멋진 그대를 환영합니다

오케이도크에 가입해주셔서 감사합니다. 17년이 넘는 긴 세월 동안 온라인

에서 활동하면서 저는 이런 경험을 했어요.

- 페이스북에 입사한 서른 번째 직원으로 모바일 사업, 상태 업데이트

  등 프로젝트에 참여했음

- 민트의 네 번째 직원으로 1년 안에 사용자 수를 100만 명까지 늘렸음

- 앱스모를 시작했고 현재 연간 8,500만 달러의 매출을 올리고 있음

이제는 당신이 원하는 인생을 살 수 있도록 도와드리고 싶어요.

당신에게 가치를 제공할 수 있는 글은 무엇일까요?

사랑합니다.

노아 '타코' 케이건 드림

2. 1촌 신청 요청 이메일

제목: 링크드인에서 저와 1촌해요

안녕, 친구!

링크드인에서 1촌 신청 Connection Request 을 해주세요. 서로 소통하고 마케팅, 스타트업 등 여러 가지 주제에 대해서 비공식적으로 의견을 나눠봐요.

감사합니다.

노아 드림

---

3. 콘텐츠 이메일

제목: 50달러로 수천만 달러짜리 사업을 시작해봐요

저는 2010년 3월에 앱스모를 시작했습니다. 어느 주말에 단돈 50달러로 앱스모 웹사이트 버전 1을 만들었죠. 간단했어요. 그로부터 12년이 흐른 지금, 앱스모는 수천만 달러대 매출을 내는 사업체로 성장했어요.

사업을 시작하는 것은 어려울 수 있습니다. 하지만 제가 좀 더 쉽게 사업을 시작하는 방법을 알려드릴게요. 여기 제가 50달러로 앱스모를 시작한 비결이 담겨 있습니다.

즐거운 시간 보내세요.

노아 드림

먼저 환영 이메일은 말 그대로 당신의 콘텐츠를 처음으로 구독해준 고객에게 보내는 환영 인사다. 새로운 구독자를 두 팔 벌려 꼭 안아주면서 환영하라. 그가 당신의 해적선에 동료로 올라타준 것만으로도 너무나 행복하며 앞으로 어떤 서비스가 제공될지 알려주어라.

여기서 기억할 것은 새로운 구독자가 당신의 서비스에 가입한 순간에 환영 이메일이 그에게 도착해야 한다는 것이다. 그래서 누군가가 내 서비스를 구독할 때마다 나는 환영 이메일을 보내면서 '당신에게 가치를 제공할 수 있는 글은 무엇일까요?'라고 묻는다. 이렇게 하면 수많은 콘텐츠 아이디어를 얻을 수 있고 구독자가 진정으로 원하는 것이 무엇인지 정확하게 파악할 수 있다.

여기서 핵심은 일대일 마케팅이다. 새로운 구독자와 일대일로 개인적인 관계를 맺는 것이다. 일단 이렇게 이메일을 구독자에게 보내기 시작하면 구독자 한 명 한 명이 소중하다. 솔직히 말해서 당신의 콘텐츠에 관심이 있는 모든 청중이 당신에게 영원히 소중한 존재다. 특히 사업을 시작한 초기에는 새로운 구독자 한 명 한 명의 요구에 신속하게 대응해야 한다. 나는 지금도 새로운 구독자에게 이렇게 하고 있다. 예전에는 내 유튜브 영상에 달린 댓글 하나하나에 정성을 들여 대답을 달았었다.

두 번째로 1촌 신청 요청 이메일에서는 구독자에게 인스타그램, 링크드인, 페이스북, 트위터 등 소셜미디어에서 서로 팔로우하자고 노골적으로 제안할 수 있다.

마지막으로 콘텐츠 이메일은 월퍼트의 분석 보고서, 영상이나 초대 행사처럼 구독자에게 매력적인 콘텐츠를 제공한다.

인테리어 디자이너는 콘텐츠 이메일에 자신의 작업물을 소개하며 구독자를 즐겁게 해줄 수 있다. 슬립 스모의 경우 쥘리앵은 이불을 덮거나 이불 위에서 자는 수면의 과학적 원리에 관한 블로그 게시글을 보낼 수 있다(알다시피 세상에는 이불을 덮고 자거나 이불을 깔고만 자는 두 가지 수면 유형이 있다!).

다음 주제로 넘어가기 전에 마지막 팁을 전해주려 한다. 나는 항상 처음부터 최고의 콘텐츠 이메일을 구독자에게 발송하라고 사람들에게 조언한다(예를 들면 무료 강연, 최고의 기사나 영상, 청중에게 가장 유용한 콘텐츠 등). 이유는 간단하다. 구독자는 처음에는 이메일을 잘 확인하지만 몇 번 받아보고 난 뒤에는 확인율이 현저히 하락한다. 그러니 이메일 확인율이 하락하는 것을 최소화하려면 언제나 최고의 콘텐츠를 제공해야 한다.

챌린지 19

자동 발송 메일을 설정하자

나는 (내가 사업을 시작할 수 있도록 도왔던) 센드폭스닷컴이 기가 막힐 정도로 좋다고 생각하지만 컨버트키트닷컴과 메일침프닷컴 같은 웹사이트도 추천한다.[7] 또한 밀리언달러위켄드닷컴에서 참고할 만한 무료 튜토리얼 영상과 서식을 확인해보길 바란다.

100의 법칙

2018년에 '노아 케이건 프레젠트'Noah Kagan Presents란 타이틀로 팟캐스트를 시작했다. 총 50개의 에피소드를 올렸고 에피소드당 대략 3만 건의 다운로드를 기록했다. 그러다 곧 팟캐스트를 완전히 포기했다. 이 이야기가 어딘가 익숙하게 들리는가? 당신도 사업을 시작하거나, 체스를 배우거나, 사회적 인지도를 높이거나, 기타 연주법을 배우려고 했는데 나처럼 다소 일찍 도전을 포기해버리지 않았는가?

버퍼닷컴Buffer.com의 이야기를 한번 살펴보자. 버퍼닷컴의 한 관계자가 2010년에 내 블로그에 댓글을 달았다. 그들은 사회적 공유 활동을 해왔다고 말하면서 어떤 사업을 시작했다고 주저리주저리 말을 늘어놓았다. 그 댓글을 읽고 나는 '이 사람들은 이 사업 아이디어를 끝까지 밀어붙이지 못하고 실패하겠어'라고 생각했던 기억이 있다.[8] 왜 그렇게 부정적으로 생각했는지는 나도 모르겠다. 그 댓글을 읽고 10여 년이 흐른 지금 그들은 내게 말했던 사업 아이디어를 계속 밀어붙여 2,000만 달러의 매출을 올리고 있다.[9]

나와 그들의 차이점은 뭐였을까? 그들은 자기 아이디어를 끝까지 밀고 나갔고, 나는 그렇지 못했다. 이런 실패를 하지 않으려고 나는 내가 나름대로 마련한 틀에 맞춰 모든 일을 진행했다. 그리고 그 틀을 '100의 법칙'이라 부르기 시작했다.[10]

플로리다 대학교에서 진행된 한 기발한 연구를 통해 이를 설명해보겠다. 사진학과의 제리 율스만Jerry Uelsmann 교수는 수강생들을 '양'률 그룹과 '질'質 그룹 둘로 나눠 과제를 내주었다. 양 그룹은 A 학점을 받으려면 학기 말까지 사진 100장을 찍어서 제출해야 했고, 질 그룹은 학기 말까지 단 한 장의 사진을 찍어서 제출하면 A 학점을 받을 수 있었다. 그러나 질 그룹은 단 한 장의 사진으로 A 학점을 받을 만큼 완벽한 사진을 제출해야 했다.

어떤 일이 일어났을 것 같은가? 놀랍게도 양 그룹이 질 그룹보다 더 수준 높은 사진을 찍어서 제출했다! 어째서 이런 일이 일어났을까?[11] 양 그룹이 질 그룹보다 더 많이 시도했고 개선했기 때문이다. 그들은 어차피 100장을 제출해야 했기에 사진을 닥치는 대로 찍었다. 실수할 때마다 배웠고 암실에서 더 많은 시간을 보냈다. 그렇게 그들의 실력은 시간이 흐를수록 좋아졌다.

이것이 바로 100의 법칙이다. 간단하다. 무엇을 하든지 그만두겠다는 생각을 하기 전에 최소 100번은 시도해보는 것이다. 이렇게 하면 세스 고딘이 말한 '딥'dip에 무릎 꿇지 않는다. 그는 무언가를 시작해서 통달하기까지 그 일이 싫어지고 그만두고 싶어지는 긴 고투의 시간을 '딥'이라고 했다.[12]

팟캐스트를 할 때 내가 달성하고 싶은 에피소드당 다운로드 횟수는 10만 번이었다. 하지만 에피소드당 다운로드 횟수는 겨우 3만 번이 최대였고, 낙담한 나는 그 길로 팟캐스트를 완전히 포기했다. 고작 50번 시도해놓고 팟캐스트를 중단했던 것이다. 그런데 말도 안 되는 일이 벌어졌다. 지금 내가 에피소드당 다운로드 횟수로 3만 번을 기록한다면 최고의 기록이 될 것이다. 팟캐스트를 다시 시작한 지금 에피소드당 다운로드 횟수는 고작 7,500번이다. 나는 이 경험에서 뼈아프지만 귀중한 교훈을 얻었다.

무엇이든 몰입해서 100번은 시도해보자(이를 실패냐 성공이냐를 결정하는 순간이 아니라 반복하고 연습하는 과정으로 여기자). 그러면 당신의 사고방식이 바뀌고, 일이 생각대로 술술 풀리지 않더라도 포기하지 않고 밀어붙이는 것이 훨씬 더 쉬워질 것이다.

비결은 결과는 생각하지 않고 자동적으로 100번은 시도하도록 해주는 시스템을 마련하는 것이다. 일단 뭔가에 도전하면 필연적으로 내가 잘하고 있는지, 실패하는 건 아닌지 하는 의구심이 생긴다. 이럴 때의 해결책은 결과가 어찌 됐든 전혀 신경 쓰지 않고 100번은 시도하겠다는 굳은 의지다.

- 유튜브 채널을 개설했다면 최소한 영상 100개는 만들어서 올려보자.
- 뉴스레터를 제작한다면 이메일 100통은 보내보자.
- 체스나 기타 연주와 같은 새로운 취미를 시작했다면 100일 동안은 연습해보자.
- 사업을 구상하고 있다면 최소한 100명의 고객에게 직접 영업해보자.

100이라는 숫자에 집중하자. 사람들이 당신을 지켜보는지, 아니면 당신의 아이디어를 좋아하는지는 신경 쓸 것 없다. 사람들이 당신의 뜻에 함께하는지, 당신의 제품이나 서비스를 사는지, 아니면 당신의 뒤를 따르는지도 신경 쓸 것 없다. 그냥 하는 것이다. 100이라는 숫자를 채우는 게 지금 그 일을 하는 목적이다. 다른 사람이 그 일을 좋아하느냐 좋아하지 않느냐는 중요치 않다. 일단 뭐가 됐든 100이란 숫자를 채우면 포기할지, 좀 더 해볼지를 결정할 수 있다.

여기서 당신이 챙겨야 할 교훈은 최종 목표를 달성하기 위해 필요한 일은 오늘 시작해야 한다는 것이다. 한 단계, 한 단계씩 시도하자. 한 세션, 한 세션씩 해보자. 영상을 하나씩 올려보고 이메일을 한 통씩 보내보자. 이렇게 하면서 당신은 계속 조금씩 성장할 것이다.

100의 법칙에서는 일관성이 핵심이다. 무엇이든지 한결같이 하는 것이 성공하는 유일한 길이다.

챌린지 20
100의 법칙

이메일 100통을 보내거나 게시글 100편을 올려보자. 무엇이든지 간에 목표에 조금이라도 가까이 다가가는 데 도움이 되는 일을 최소한 100번 해보자. 다음 페이지에 있는 100의 법칙 진도표는 당신이 해내겠다고 다짐한 일을 실제로 해내는 데 도움이 될 것이다. 절대로 무너지지 마라!

과제 : _____

1	2	3	4	5	6	7	8	9	10
11	12	13	14	15	16	17	18	19	20
21	22	23	24	25	26	27	28	29	30
31	32	33	34	35	36	37	38	39	40
41	42	43	44	45	46	47	48	49	50
51	52	53	54	55	56	57	58	59	60
61	62	63	64	65	66	67	68	69	70
71	72	73	74	75	76	77	78	79	80
81	82	83	84	85	86	87	88	89	90
91	92	93	94	95	96	97	98	99	100

※ MillionDollarWeekend.com에서 100의 법칙 진도표를 내려받을 수 있다.

제8장

사업을 키우는 마케팅의 핵심

· · ·

의미 있는 결과를 얻는 데는 30일이면 충분하다

"미안하지만 노아, 자넨 우리 회사의 마케팅 담당자로 적합하지 않은 것 같네."

내가 마케팅 책임자로 지원했을 때 민트닷컴 창립자 에런 패처는 이렇게 말하며 나를 면접에서 떨어뜨렸다. 솔직히 그의 평가는 사실이었다. 당시 나는 마케터도 아니었고 마케팅 경험이나 계획도 없었다.

하지만 페이스북에서 해고된 뒤로 나는 세상에 내가 패배자가 아니라는 것을 보여주지 못해 안달이 나 있었다. 나는 에런을 다시 찾아가서 14년 동안 계속 활용했던 구체적인 마케팅 계획을 제시했다. 그리고 "제품을 출시하기 전 6개월 안에 10만 명의 이용자를 확보하겠어요. 제가 이 목표치를 달성하지 못하면 그전까지 한 일에 대해서 돈을 받지 않겠어요."라고 말하며 그가 절대 거절할 수 없는 제안을 했다.

나는 '매우 구체적인 집단을 대상으로 활동하는 금융 블로거를 집중적으로 공략할 것'과 '최고의 온라인 금융 콘텐츠를 작성할 것'이라는 두 가지 핵심 전략이 담긴 마케팅 계획을 이행했다. 그로부터 6개월 뒤인 2007년 9월, 민트는 100만 명의 이용자를 확보했고 공식적으로 서비스를 출시했다.[1] 나는 목표치의 10배에 해당하는 이용자를 확보한 성과를 인정받아 처음으로 10만 달러대의 연봉을 받았다!

그 후 나는 이때 사용했던 마케팅 계획으로 100만 달러의 매출을 올리는 사업 여덟 개를 일궈냈다. 스모닷컴은 12개월 만에 10억 건의 거래를 성사시켰고 센드폭스닷컴은 6개월 만에 고객 1만 명을 확보했으며, 내 유튜브 채널은 불과 몇 년 만에 85만 명의 구독자를 모았다.

이 과정에서 나는 반복적으로 사업을 성장시키는 마케팅 계획을 수립하는 법을 습득하게 됐다. 세상에 마케팅 전략은 차고 넘치지만 나는 사업을 할 때마다 다음 다섯 가지 질문에 대한 답을 반복적으로 구했다. 당신도 마케팅 계획을 수립할 때 이 다섯 가지 질문을 해보라.

1. 올해 달성하고 싶은 한 가지 목표는 무엇인가?
2. 정확하게 누가 고객이고 어디서 그들을 찾을 수 있는가?
3. 강하게 밀어붙일 수 있는 한 가지 마케팅 활동은 무엇인가?
4. 어떻게 첫 100명의 고객을 기쁘게 해줄 것인가?
5. 30일 동안 돈을 쓰지 않고 사업을 두 배로 키워내야 한다면

무엇을 할 것인가?

지금까지 사용했던 마케팅 계획을 그대로 가져다가 새로운 사업에 효과가 있기를 바라서는 아무것도 할 수 없다. 그건 도박이며 운을 전략으로 삼는 무모한 행동이다. 어떤 마케팅 전략이 당신에게 효과가 있을지는 알 수 없다. 블로그 활동은 민트에는 효과적이었지만 앱스모에는 효과적이지 않을 것이다. 유료 광고는 앱스모에 효과적인 마케팅 전략이지만 오케이도크에선 경제적이지 못한 전략이다. 결론적으로 말하면 당신의 사업에 효과적인 마케팅 전략을 찾아가는 과정을 마련해둬야 한다. 그러려면 마케팅하기 전에 달성 목표부터 정해야 한다.

단 하나의 목표를 세워라

마크 저커버그는 자신의 사무실에서 나를 맞았다. 나는 페이스북 행사 티켓을 판매할 전략에 대해 그에게 열렬히 설명하기 시작했다.

"마크, 우린 돈을 벌어야 해요. 이렇게 한번 해봐요."

나는 간곡히 제안했지만 그는 단칼에 거절했다. 그리고 칠판에 휘갈겨 쓴 내 메모를 지우개로 지운 뒤 '성장'이라고 대문짝만 하게 적고 그 옆에 '10억'이라고 적었다. 그는 우리가 하는 모든 활동은 오직 페이스북 이용자를 10억 명으로 늘리는 데 집중해야 한다고 했다.

그랬다. 이렇듯 성과에 초집중하고 우선순위를 철저하게 세워 지켜나

간 덕분에 오늘날의 페이스북이 있을 수 있었다. 그 순간 뭔가에 머리를 한 대 얻어맞은 것 같았다. 그 후로 나는 사업을 할 때 반드시 달성하겠다는 생각으로 목표 하나를 아주 구체적으로 세웠다.

가장 먼저 목표를 세워야 한다. 다시 말해 숫자를 하나 정해서 반드시 달성하겠다고 다짐해야 한다. 그러면 모든 것은 목표로 정한 하나의 숫자에 뿌리를 두게 된다(다시 말해 영업 이익, 이익 배분 계획, 브랜드 노출도, 브랜드 인지도 등 모든 것이 하나의 숫자를 기반으로 결정되어야 한다). 초기에 앱스모는 이메일 주소 10만 개를 확보하는 것을 목표로 삼았다. 앱스모를 운영하면서 우리는 목표로 정한 숫자를 키워낼 수 있다면 다른 수치도 따라 커진다는 걸 깨달았다.

하나의 숫자로 구체적인 목표를 설정하는 것과 관련해 또 다른 사례를 살펴보자.

- 제1장에서 확인한 자유수
- 유튜브 구독자 1,000명
- 순이익 100만 달러
- 고객 50명

당신의 목표는 가장 중요한 하나의 숫자다. 반드시 달성해야 할 목표를 하나의 숫자로 명시하면 이후 그 목표를 달성하는 데 필요한 계획을 수립하기는 훨씬 더 쉬워진다.

꿀팁) 목표는 구체적이어야 한다. 기업가가 목표를 세울 때 흔히 하는 실수가 '무조건 더 많이'를 외치는 것이다. 무턱대고 더 많은 매출, 더 많은 트래픽, 더 많은 다운로드 횟수를 달성하는 게 목표라고 말한다. 하지만 목표는 그런 것이 아니다. '얼마를 언제까지 달성하겠다'가 목표다.

이제 시간 계획을 세워보자. 방금 전에도 말했지만 '난 부자가 되고 싶어'는 형편없는 목표 설정이다. 이런 추상적인 목표 설정은 아무 의미가 없다. '얼마'를 벌어서 부자가 되겠다는 건가? '나는 100만 달러의 자산을 갖겠어'라는 게 더 나은 목표 설정이다. 그런데 이 목표에는 시간이 없다. 시간 계획이 없으면 시급함도 없다. 그렇다면 어떻게 목표를 설정하는 게 효과적일까?

'나는 3년 안에 100만 달러의 자산을 보유하고 싶어.'

바로 이것이다! 목표를 세우고 시간 계획을 마련하면 목표를 시간 단위에 따라 좀 더 작은 단위로 분해할 수 있다. 이렇게 하면 목표를 달성하는 것이 한결 쉽게 느껴지고 시간이란 요소가 포함되어 동기부여가 된다. 최종 목표를 달성할 시간에 맞춰 작은 단위의 목표를 달성해가면서 성취감을 느낄 수 있기 때문이다.

최근에 내가 세운 목표는 1년 안에(시간) 오케이도크 유튜브 구독자를 50만 명으로(숫자) 늘리는 것이었다. 그래서 월 단위로 계획을 수립했고 처음에는 천천히 시작해서 여러 가지 전술을 시도하면서 효과적인

목표로 정한 숫자를
키워낼 수 있다면
다른 수치도 따라 커진다.

전술을 찾기로 했다. 효과적인 전술이 나오면 이를 적극적으로 이용해서 목표 달성 속도를 높이자고 생각했다.

나는 오케이도크 유튜브 구독자 50만 명이란 목표를 달성하는 계획을 다음과 같이 세웠다.

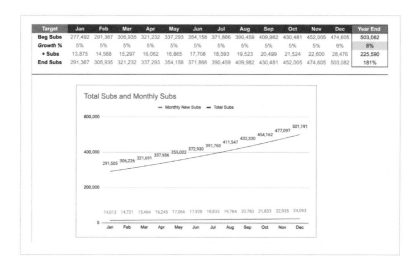

Target	Jan	Feb	Mar	Apr	May	Jun	Jul	Aug	Sep	Oct	Nov	Dec	Year End
Beg Subs	277,492	291,367	305,935	321,232	337,293	354,158	371,866	390,459	409,982	430,481	452,005	474,605	503,082
Growth %	5%	5%	5%	5%	5%	5%	5%	5%	5%	5%	5%	6%	8%
+ Subs	13,875	14,568	15,297	16,062	16,865	17,708	18,593	19,523	20,499	21,524	22,600	28,476	225,590
End Subs	291,367	305,935	321,232	337,293	354,158	371,866	390,459	409,982	430,481	452,005	474,605	503,082	181%

그림에서 보듯이 월별로 달성할 수 있는 작은 단위의 목표를 구체적으로 세웠다.

- 7월 구독자 1만 8,833명 모으기
- 8월 구독자 1만 9,784명 모으기
- 9월 구독자 2만 783명 모으기

월별로 목표 구독자 수를 아는 것은 최종 목표를 달성하는 데 대단히 도움이 됐다. 재미있을 것 같지만 목표한 결과를 가져오지 못할 아이디어는 과감하게 포기할 수 있었다. 자, 이렇게 언제 얼마나 달성하겠다는 시간 계획이 마련됐다. 그렇다면 다음에 할 일은 뭘까?

마케팅 전략 리스트를 만들어라

내 수강생 한 명이 "하루에 두 번 트위터 메시지를 작성할 거예요. 이게 부동산 중개인들에게 제가 새롭게 시작한 강의를 홍보하는 데 도움이 될 겁니다."라고 말했다. 이 말을 한 수강생을 '부동산 중개인 리키'라고 부르자.

나는 "오, 정말로요?"라고 말했다.

"네. 전 매일 트위터에 부동산 글을 남길 거예요. 그리고 사람들에게 답장을 보내려고 샀던 새로운 도구도 이용할 겁니다. 이렇게 하면 그 사람들은 저의 팔로워가 되고 결국에는 제 고객이 되겠죠."

나는 그의 계획이 실패할 거라고 확신했지만 "그렇겠네요."라고 대답했다. 시간을 '빨리 감기'해서 며칠 뒤 나는 리키에게 매출 상황을 물었다. 그는 단 한 건의 매출도 올리지 못했다. 나는 그에게 물었다.

"당신을 비난하려고 하는 말은 아니에요. 그런데 부동산 중개인들을 대상으로 다른 마케팅 방법을 시도해봤나요?"

그는 다른 방법은 시도조차 해보지 않았다고 대답했다. 이처럼 노를 잘못된 방향으로 저어서 배가 산으로 가기 전에 빨리 다른 마케팅 방법을 시도해서 최선의 마케팅 방법을 찾아내야 한다. 최고의 방법은 '실험 기반 마케팅' 목록을 이용해 마케팅 계획을 수립하고 결과를 추적하는 것이다.

실제 사례로 대니얼 블리스Daniel Bliss의 이야기를 살펴보자. 대니얼은 캐나다인이고 취미로 등반을 즐기는 멋진 사내다. 그는 앱스모에서 개최한 '한 달 만에 1,000만 달러를 버는 사업 공모 행사'에서 우승했고 우승 상품으로 오스틴으로 여행을 갔다. 우리는 오스틴에서 일주일 동안 그와 함께 사업을 구상했다.[2]

당시 우리의 목표는 그의 등반 취미로 번듯한 사업 하나를 만들고 한 달에 4,000달러의 매출을 올리는 것이었다. 이는 그의 자유수로, 그는 목표를 달성하면 집배원을 관두고 태국으로 암벽등반을 떠나겠다고 했다. 스포일러가 있으니 주의하시길! 그는 지금 태국에서 팟타이를 실컷 먹고 있다.

대니얼은 현명하게도 자신이 갖고 있는 문제 중 하나를 해결하는 데 집중했다. 암벽등반가인 그는 빌레이belay(암벽등반에서 동행자의 추락을 방지하기 위한 로프 조작 기술—옮긴이)를 위해 몸을 뒤로 젖히고 위를 올려볼 때마다 목이 아팠다. 그래서 목을 길게 빼지 않고도 위를 올려다볼 수 있는 고글을 사고 싶었다.

그는 자신이 원하는 고글을 만들어줄 제조사를 알리바바에서 이미 찾았다. 그가 고안한 고글에는 거울이 붙어 있어서 정면을 바라보는 동안에도 위를 확인할 수 있었다. 대니얼은 이 고글 몇 개를 이미 시제품으로 직접 제작해서 주변에 판매해 아이디어의 사업성도 검증했다. 등반하면서 만난 커플에게 고글 두 개를 팔았고 나머지는 암벽등반 동호회 회원들에게 팔았다.

그런데 여기서 벽에 부딪혔다. 어떻게 이 사업을 더 성장시킬까? 이 시점에서 대부분 기업가처럼 대니얼은 확실하지만 틀린 결정을 내렸다. 쇼피파이Shopify에 계정을 만들어 이것저것 시도하는 데 시간을 허비한 것이다. 그리고 자신의 디자인을 보호하기 위해 지식재산권 관련 법을 조사했고 경쟁자의 뒷조사를 했다.

자, 그러면 잘못된 부분을 하나씩 고쳐보자.

먼저 우리는 그의 목표로 되돌아가서 한 달에 4,000달러의 매출을 올리려면 고글 몇 개를 팔아야 하는지 파악했다. 숫자로 목표를 설정한 것이다.

- 한 달 기대 수익은 4,000달러다.
- 고글은 배송비를 포함해 개당 60달러에 판다.
- 고글 한 개를 팔 때마다 24달러의 수익이 생긴다.
- 4,000달러를 24달러로 나누면 매달 고글을 166개 팔아야 한다.
- 기본적으로 하루에 고글을 5~6개 팔아야 한다.

항상 목표에서 시작하라! 이는 너무나 중요해서 아무리 강조해도 지나치지 않다. 그다음에 우리는 대니얼이 목표를 달성할 수 있도록 마케팅 전략을 정리했다.

출처	예상 매출	실제 매출
개인 네트워크 + 추천	30	???
밴쿠버 암벽등반 동호회	20	???
도매 판매	50	???
마켓플레이스: 이베이	25	???
경품	25	???
페이스북 광고	16	???
합계	166(목표치)	

당시 대니얼이 사업에 쓸 수 있는 시간은 일주일에 한 시간밖에 없었다. 그래서 나는 "이 중에서 두 개 정도를 선택해서 마케팅하겠다면 뭘 하겠어요?"라고 물었다. 이는 제일 많은 매출로 이어질 것을 예상하고 시험 삼아 시도해보는 마케팅 방법이기도 했다. 다음은 대니얼이 선택한 마케팅 방법 두 가지다.

1. 개인 네트워크+추천
2. 암벽등반장/온라인 쇼핑몰에 도매 판매

두 가지 마케팅 채널을 선택한 뒤에 대니얼은 먼저 페이스북 프로필에 암벽등반을 취미 활동으로 작성한 친구를 모두 찾고 이메일 발송 명단에 포함시켰다. 그냥 전화기에 저장된 연락처를 보면서 이 작업을 해도 된다. 그리고 나서 그는 개인적으로 그들 한 명 한 명에게 메시지를 보냈다.

안녕, [친구 이름]

잘 지내고 있지?

너 암벽등반 좋아했잖아. 나도 암벽등반 좋아해!

근데 빌레이할 때마다 목이 항상 아프더라고. 그래서 정말 저렴한 빌레이 고글을 만들었어.

대략 열 개 정도 있는데 한번 사용해볼래?

함께 암벽을 올라보자고!

대니얼 보냄

그는 페이스북에서 친구를 맺은 이들에게 이렇게 메시지를 보냈고 몇몇은 그가 디자인한 고글을 샀다. 매출이 발생했다! 이어서 우리는 캐나다에서 암벽등반 용품을 판매하는 온라인과 오프라인 쇼핑몰의 목록을 작성했다.

1. 구글에서 '밴쿠버 암벽등반'이라고 검색하거나 옐프$_{Yelp}$에서 '암벽등반'이라고 검색한다.

2A. 검색된 웹사이트로 가서 소유자의 이름(가능하다면), 이메일 주소와 전화번호를 확인한다.

2B. 또는 파이버닷컴이나 크레이그리스트에서 사람을 고용해 검색 결과를 모두 훑어 정리하고 시트에 작성한다.

이렇게 정리된 시트를 보면서 그들에게도 메시지를 보냈다.

제목: 암벽등반장에서 1,000달러 추가 매출을 올릴 수 있어요

콜린 씨, 안녕하세요?

그동안 평온하셨기를 바랍니다.

저는 암벽등반장을 운영하는 사람들과 일을 해왔고 당신의 암벽등반장을 다니는 회원들에게 제가 디자인한 빌레이 고글을 소개해드리고 싶어요. 아마 사람들은 제가 디자인한 빌레이 고글을 미친 듯이 좋아할 겁니다.

www.belayshades.com

생각해보신다고요? 당신의 암벽등반장을 다니는 회원들에게 특별 할인 쿠폰이 포함된 이메일을 보낼게요. 회원들이 고글을 구입하면 그 수익을 공평하게 나눠요.

이 제안이 당신에게 추가 수익을 올릴 좋은 기회인 동시에 회원들을 붙잡

을 기회가 될 거예요.

이 제안에 관심이 있으시다면 이번 주 금요일까지 연락을 주세요.

망설이지 말고 이 제안을 받아들이세요.

대니얼 블리스 드림

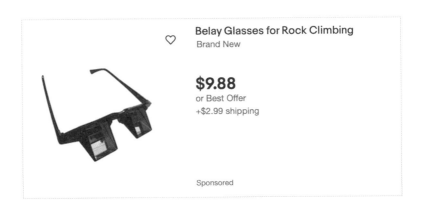

Belay Glasses for Rock Climbing
Brand New

$9.88
or Best Offer
+$2.99 shipping

Sponsored

이후 대니얼은 여유가 생겼고 앞에서 정리했던 다른 마케팅 전략들을 시도했다. 우리는 마켓플레이스에 빌레이 고글을 올렸다. 이베이, 엣시, 크레이그리스트, 아마존처럼 잠재 고객이 있는 웹사이트에 제품을 올려서 판매를 시도하는 것이다. 물론 이 모든 것은 무료다.

우리는 마켓플레이스에 빌레이 고글을 올리고 며칠을 기다렸지만 단 한 개도 팔리지 않았다. 그래서 페이스북과 구글에서 광고했다. 다음은 우리가 제작해서 페이스북에 올린 빌레이 고글 광고다.

페이스북 광고를 했지만 여기서도 빌레이 고글은 단 한 개도 팔리지
않았다. 우리는 빌레이 고글을 경품으로 제공하는 마케팅 전략도 시도
했다. 대니얼은 암벽등반과 관련된 페이스북 페이지, 밋업 그룹, 블로거
들에게 연락했고 빌레이 고글 샘플을 보냈다. 그들이 샘플을 마음에 들
어 하면 회원들에게 할인가에 빌레이 고글을 팔 수 있도록 특별 서비스
를 제공했다.

제목: 당신과 [모임 이름]을 위한 공짜 빌레이 고글

[운영자 이름], 안녕하세요?

멋진 그룹을 운영하고 계시는군요! [지역 이름]에서 암벽등반 커뮤니티가 성장하고 있는 것을 보니 기쁘고 반갑네요. 암벽등반가를 위해 새롭게 출시된 빌레이 고글을 소개하려고 연락드렸어요. 일명 '빌레이 셰이드'입니다. 샘플로 빌레이 셰이드를 보내드릴까 하는데요. 샘플 제품을 받아보시고 마음에 드신다면 그룹 회원들과 좋은 제품을 나눌 수 있도록 특별가에 제품을 제공해드릴게요.

[상대방이 이메일을 수신하고 이틀이 되는 날]까지 배송 주소와 함께 이메일을 보내주시면 샘플 제품을 보내드리겠습니다.

빌레이 온belay on(등반하는 사람이 앞서가는 동료에게 좀 더 안전하게 올라올 수 있도록 로프를 준비해달라고 요청하는 것―옮긴이)!

대니얼 드림

이렇게 이메일을 보냈지만 단 한 건의 매출로도 이어지지 않았다. 그러던 어느 날 대니얼은 시에라 트레이딩Sierra Trading이라는 웹사이트에서 이메일을 한 통 받았다. 시에라 트레이딩 관계자는 대니얼의 고글에 관심이 있다고 말했다.

세상에, 이런 일이! 그는 소규모 지역 상점에서 연락이 오기를 몇 주 동안 기다리고 있었다. 그런데 온라인 쇼핑몰에서 하루 만에 고글에 관심이 있다고 연락이 온 것이었다. 주문량이 무려 4,200달러어치였다! 이는 30일 동안 여러 방법으로 마케팅을 시도한 끝에 얻은 최종 결과였다.

● 대니얼에게 들어온 4,200달러 주문서

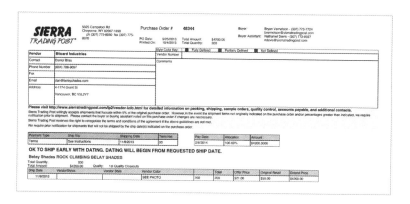

출처	예상 매출	실제 매출
개인 네트워크 + 추천	30	9
밴쿠버 암벽등반 동호회	20	11
도매 판매	50	217
마켓플레이스: 이베이	25	0
경품	25	0
페이스북 광고	16	0
합계	166(목표치)	237

핵심은 어느 마케팅 전략이 효과가 있는지 해보기 전에는 알 수 없다는 것이다. 효과가 있는 마케팅 전략을 찾으려면 '매출로 이어질 가능성이 크다고 생각되는' 마케팅 전략을 소규모로 시도해봐야 한다. 어떤 마케팅 전략을 제일 먼저 시도할지 우선순위를 정하고 인정사정 볼 것 없이 시도하는 게 중요하다!

대니얼은 30일 동안 여섯 가지 마케팅 전략을 시도했다. 그는 도매 판매로 고글 50개는 팔릴 것으로 생각했다. 그런데 실제로는 이 마케팅 전략을 통해 200개 이상의 고글이 팔렸다. 그는 이베이에 고글을 올리면 30개는 팔릴 것으로 생각했지만 실제로 이베이에선 단 한 개의 고글도 팔리지 않았다. 그래서 그는 마케팅 계획을 수정했고 도매 판매를 집중 공략하기로 했다. 이 마케팅 방식이 매출의 90퍼센트를 차지했기 때문이었다.

지금부터 당신이 시도해볼 수 있는 마케팅 전략을 정리해보자. 먼저 다음부터 알아야 한다.

1. 누가 당신의 이상적인 고객일까?
2. 어디에 그들이 있을까?

그러면 생각해보자. 누가 당신의 이상적인 고객일까?

- 민트에서는 개인 금융 블로거와 기술 전문가를 타깃으로 삼고 집중 공략했다.

- 앱스모에서 우리의 고객은 1인 마케팅 에이전시 창업자인 맷 Matt이다.
- 오케이도크에서 내 고객은 사업가로서 영감을 찾는 언더독 underdog(성공할 확률이 적은 사람—옮긴이)이다.

이상적인 고객을 찾는 최고의 방법은 기존 고객의 패턴을 살피는 것이다. 기존 고객에게서 보이는 공통점이 무엇인지 생각해보자. 특정 연령대인가? 공통의 관심사를 갖고 있는가? 아니면 특정 성별에 한정되어 있는가?

챌린지 21

누가 당신의 고객인가?

누가 당신의 이상적인 고객인지 설명해보자. 구체적일수록 좋다. 그들의 성별, 연령대, 거주지 등 그들만이 갖는 특징이 무엇인지 생각해보자.

어디서 이런 이상적인 고객을 많이 찾을 수 있을까? 이전에 고객을

찾았던 곳을 둘러보고 기존 고객에게 직접 물어보자! 다음은 내가 지금도 기존 고객에게 보내는 메시지다.

마리아에게

먼저, 저의 고객이 되어주셔서 정말로 감사드립니다.

혹시 이 제품을 알게 된 경로를 구체적으로 알려주실 수 있을까요?

이제 이런 사람들을 더 많이 찾을 수 있는 장소를 정리해보자. 대니얼의 경우를 정리하면 다음과 같다.

- **누구**: 적어도 일주일에 한 번 암벽등반을 하는 사람들
- **어디에**: 북미/캐나다 사람, 암벽등반장 회원, 스포츠용품점 고객, 잡지 《아웃사이드》Outside 구독자, (홀로 암벽등반을 하는) 알렉스 호놀드Alex Honnold 팬, 등반가에 대해 의견을 나누는 모임/온라인 그룹 회원, 새로운 암벽등반 테크닉을 알려주는 유튜브 구독자, 클리프 바(암벽등반가가 주로 먹는 에너지 바)를 사먹는 사람

그래도 이상적인 고객이 있을 만한 곳이 떠오르지 않는다면 다음 방법을 활용해보자.

- **네트워크:** 고객을 찾을 때 제일 먼저 둘러볼 곳은 자신이 보유하고 있는 네트워크다. 기존의 네트워크를 활용할 때 장점은 그들은 이미 당신을 알고 있으므로 마케팅 활동이 다른 경우보다 더 쉽다.

- **검색 엔진 유료 광고:** 빙과 구글 같은 검색 엔진에서 잠재 고객을 대상으로 마케팅한다. 검색 엔진에서 유료 광고를 통해 마케팅하면 특정 단어를 검색 엔진에서 검색할 때 당신의 이름이 검색 결과로 나온다.

- **소셜미디어 광고:** 트위터, 페이스북, 레딧, 틱톡, 링크드인 등 소셜미디어에 광고해서 청중을 집중적으로 공략한다.

- **콘텐츠 마케팅:** 당신의 제품/서비스에 관심을 불러일으키는 것을 목표로 (블로그, 팟캐스트, 영상) 콘텐츠를 제작하고 발표한다.

- **콜드 아웃리치:** 잠재 고객과 직접적으로 접촉한다. 말하자면 전화기를 들고 잠재 고객에게 전화를 걸거나 콜드 메일을 보내는 것이다.

- **타깃 시장과 연관된 블로그 후원:** 당신이 공략하는 시장 안에서 인기 있는 블로그에 올라온 게시글과 콘텐츠를 후원한다.

- **인플루언서 마케팅:** (유명 블로거나 인스타그래머 등) 당신의 타깃 시장에 영향력을 행사하는 사람을 찾아 관계를 맺는다.

- **PR:** 당신의 이야기를 소개할 틈새시장에서 언론사와 블로거를 영업한다.

- **SEO**: 검색 엔진 최적화_{Search Engine Optimization}는 트래픽을 늘리는 또 다른 믿을 만한 방법이지만 시간이 걸린다. 앤서더퍼블릭_{AnswerThePublic}이나 스파이푸_{SpyFu} 같은 웹사이트에서 키워드 검색을 해보고 당신이 주목하는 틈새시장에서 어떤 이야기가 오가는지 확인해보자. 그리고 그 틈새시장을 집중적으로 겨냥해서 콘텐츠를 제작해 트래픽을 높여보자.
- **경품**: 사은 행사를 찾고 경품 행사 사이트를 제작해 혀가 빠지게 홍보해보자.
- **협업**: 다른 사람의 팟캐스트, 쇼, 뉴스레터, 유튜브 채널에 참여한다.

마케팅 아이디어를 목록으로 정리한 뒤에는 각각의 아이디어를 실행에 옮겼을 때 예상되는 매출을 짐작해봐야 한다. 예상 매출을 짐작해보는 것은 마케팅 아이디어를 정리하고 우선순위를 정할 때 가장 중요한 부분이다. 각각의 마케팅 아이디어를 실행했을 때 발생하리라 예상되는 매출액을 서로 비교하면 제일 몰두해야 할 마케팅 아이디어가 무엇인지 파악할 수 있다.

그러면 마케팅 아이디어의 예상 매출은 어떻게 짐작할까? 매출을 정확하게 예상하지 못할까 봐 걱정할 필요는 없다. 여기서는 예상 매출을 '적절하게' 짐작해서 마케팅 아이디어의 우선순위를 정하고 효과적인 마케팅 아이디어에 전념하는 게 중요하다. 예상 매출을 적절하게 짐작하는 요령은 그 마케팅 아이디어를 이용하면 매출이 얼마나 나올지 대략 짐작해보는 것이다. 다시 말해 아주 정확하게 매출을 예상할 필요는 없다. 예상 매출을 짐작해보는 목적은 마케팅 활동의 '우선순위를 정하는 것'이다. 여러 번 하다 보면 예상 매출을 짐작해내는 실력이 더 좋아질 것이다.

예를 들어 30일 동안 영업을 한다고 가정해보자.

마케팅 실험	예상 매출
1. SEO: 블로그 게시글 4개 작성하기	10
2. 내 네트워크에 있는 모든 사람에게 연락하기	25
3. 론다 이모에게 전화하기	1
4. 밋업 그룹에 글쓰기	5
5. 전단지 보내기	9
합계	50

이렇게 표로 정리하면 먼저 예상 매출이 제일 큰 마케팅 아이디어에 시간을 집중적으로 쓸 수 있다. 옆에 열을 추가해서 기간을 기록해보자. 각각의 마케팅 아이디어를 시도해본 기간을 기록하는 것이다. 이렇게 하면 시간을 많이 들이지 않고서도 꾸준히 매출로 이어지는 마케팅 아이디어가 무엇인지 확인할 수 있다. 광고를 진행한다면 비용을 표에 추가할 수도 있다. 하지만 나는 처음부터 마케팅에 돈을 쓰는 걸 추천하지 않는다. 일단 공짜로 시도할 수 있는 마케팅 아이디어부터 도전해보자.

마케팅 실험	예상 매출
1.	
2.	
3.	
4.	
5.	
합계	

효과 있는 전략을 밀어붙여라

마케팅 전략에는 황금률이 있다. 자, 나를 따라 마케팅 전략의 황금률
을 소리 내어 말해보자.

'효과적인 마케팅 전략을 찾아서 몰두한다. 즉 효과적이지 않은 마케

팅 전략은 버린다.'

지금도 나는 이 황금률을 종종 잊곤 한다. 불과 얼마 전에 인스타그램 팔로워가 10만 명이 넘고 게시물에 '좋아요'가 많이 달린다는 것과, 인스타그램이 훌륭한 마케팅 수단이고 많은 사람에게 영향력을 행사할 수 있다는 것을 알게 됐다. 그 후로 우리는 단순한 인스타그램 팔로워를 앱스모 고객으로 바꾸려고 인스타그램 게시물을 대대적으로 홍보하기 시작했다.

결과는 어땠을까? 우리는 땡전 한 푼도 벌지 못했다. 매출은 말 그대로 0달러였다! 그런데 우리는 6개월 동안 2만 달러를 들여서 인스타그램 게시물을 대대적으로 홍보했다. 시간과 돈을 엄청나게 쓰고 난 뒤에야 이 방식이 효과가 없다는 것을 깨달았고 결국 중단했다. 이 사례가 주는 교훈은 간단하다. 이번 달에 '가장 인기 있는' 마케팅 전략이 아니라 당신의 사업에 적합한 마케팅 전략을 찾아야 한다는 것이다.

물론 새로운 마케팅 전략을 실험하고 시도하는 게 잘못됐다는 건 아니다. 하지만 생각대로 일이 흘러가지 않는다는 생각이 들면, 언제까지 그 마케팅 전략을 시도해보고 그래도 효과가 없으면 다른 전략을 시도하겠다는 시간제한을 정해야 한다. 내 경우 어떤 마케팅 전략을 시도해서 의미 있는 결과를 얻는 데는 '30일'이면 충분하다.

그래서 기업가는 마음을 느긋하게 먹어야 한다. 하지만 느긋하게 시도하던 마케팅 전략이 잘 먹히지 않고 최선을 다했는데도 효과가 없다면 어떻게 해야 할까? 고민할 것 없이 그 전략을 과감하게 버리고 다음 전략으로 넘어가면 된다! 제일 효과적인 마케팅 전략에 몰두하자. 기대에 못 미치는 마케팅 전략은 버리자. 핵심은 매출이 늘어날 기미가 보이는 마케팅 전략을 끝까지 밀어붙이는 것이다. 마케팅할 때는 진심으로 무자비해져야 한다.

하루 동안 마케팅 활동하는 데 드는 비용이나 시간이 100달러이거나 30분이라고 해도 이는 다른 데 쓰일 수 있는 돈이고 시간이니 기회비용이라고 할 수 있다. 2019년 온라인에서 존재감을 키우고 싶었던 나는 트위터, 틱톡, 블로그, 인스타그램, 유튜브 등 모든 소셜미디어를 마케팅에 이용했다. 나도 안다. 알고 있다. 어디서 많이 들어본 이야기 아닌가?

나는 30일 동안 이 모든 수단을 이용해서 마케팅했고 그중에서 효과적인 하나를 선택했다. 청중 규모를 기준으로 비교했을 때 어느 하나가 나머지보다 월등히 효과적이라는 사실을 어렴풋하게나마 깨달았기 때문이었다. 결론을 말하면 나는 다른 소셜미디어 활동을 모두 중단하고 유튜브에만 전념했다.

나는 마케팅 활동의 성과를 평가하고자 매주(가끔은 매일) 마케팅 전략을 재평가한다. 마케팅 활동을 시작하고 첫 몇 주 동안은 효과가 있는 전략과 효과가 없는 전략을 찾을 때까지 여러 마케팅 전략을 시도하고 점검한다. 일반적으로 마케팅 전략이 사업에 도움이 되는지 안 되는지를 파악하는 데는 한 달가량이 소요된다. 효과적인 마케팅 전략을 찾으면 더 이상 효과가 없을 때까지 활용한다. (암벽등반 고글을 팔던) 대니얼의 경우 효과적인 마케팅 전략은 우선 판매 채널로 온라인 도매 판매에 집중하는 것이었다.

요약하면 효과적인 마케팅 전략을 찾고 몰두해야 한다. 기억해야 할

점은 느긋하게 마음을 먹어야 효과적인 마케팅 전략을 찾을 수 있다는 것이다!

챌린지 23

내게 효과적인 마케팅 전략은 무엇일까?

앞서 작성해본 마케팅 전략 점검표에 실제 매출을 추가해서 업데이트하자. 이렇게 하면 전념해야 할 마케팅 전략과 과감하게 중단해야 할 마케팅 전략을 분명하게 구분할 수 있다.

지금 당장 실제 매출을 추가해서 마케팅 전략 점검표를 업데이트하자.

마케팅 실험	예상 매출	실제 매출
1.		
2.		
3.		
4.		
5.		
합계		

하지만 신규 고객에게만 집중해선 안 된다. 기존의 고객에게도 관심을 갖고 적절하게 활용해야 한다.

첫 고객 100명을 더 행복하게 만들어라

더는 새로운 고객을 확보할 수 없을 때 사업을 두 배로 키울 방법은 무엇일까? 이제 기존 고객에게 더 많은 것을 주는 방법을 고민해볼 때다. 사업할 때 가장 큰 성장 지렛대는 고객 유지와 소개다. 이제 막 사업을 시작했다면 기존 고객이 주변에 당신의 상품을 소개할 때마다 사업은 말 그대로 두 배 성장한다.

나는 유튜브 채널을 키우기 시작했을 때 영상에 달린 모든 댓글에 직접 답글을 달았다. 덕분에 내 유튜브 구독자들은 그들 스스로가 특별하며 나와 직접 소통한다고 느꼈다. 나는 연 매출이 2,000만 달러가 넘었을 때도 모든 캠빗 고객에게 내 개인 전화번호를 줬다. 이 정도의 고객 서비스와 고객에 대한 꼼꼼한 관심이 캠빗을 아주 빠르게 성장시킬 수 있었던 비결이었다.

앱스모를 시작했던 첫해뿐 아니라 지금도 나는 고객들에게 개인적으로 이메일을 보내서 앱스모의 무엇이 좋고 싫은지를 물어본다. 고객들은 예외 없이 내 이메일에 회신한다. 그들의 이메일은 하나같이 '노아라고요? 노아가 내게 이메일을 보냈다고요? 정말인가요?'로 시작한다. 하지만 이메일 끝에 가서 그들은 내 이메일을 받아서 매우 신이 나며 친구들에게 앱스모를 소개하겠다고 한다. 다음은 첫 앱스모 고객 한 사람에게 보낸 이메일이다.

2010년 5월 17일 13:08, 노아 <noah@appsumo.com> 보냄:

> 윌에게

구매 결정을 해주셔서 정말 감사드립니다. 오늘 당신의 프로 계정이 활성화돼서 이메일을 보내요 (:

몇 가지 물어볼 게 있는데 잠깐 시간을 내주실 수 있을까요?

　　- 이머저 서비스를 이용해보겠다고 생각하게 된 계기가 무엇인가요?

　　- 파격적인 할인가에 이용하고 싶은 웹사이트/서비스가 있나요?

　　- 앱스모에 바라는 것이나 제안하고 싶은 것이 있나요?

당신의 친구,

노아 드림

윌 데릭 보냄:

나에게 ▼

안녕하세요? 노아.

전 레딧을 정말 좋아해요. 그리고 이머저는 레딧에겐 최고의 이미지 호스팅 사이트죠. 전 이 서비스가 좋고 응원하고 싶어요. 레딧에서 이런 서비스를 이용할 수 있다면 레딧과 관계된 모두에게 도움을 주는 셈이 될 것 같아요. :) 예를 들면 레딧 할인 행사는 어때요?

그런데 서비스가 즉시 처리되지 않는 문제가 있더군요. 물론 전체 프로세스는 빠르게 처리됐어요. 하지만 저는 페이팔로 결제하면 할인 코드를 받게 된다는 것을 몰랐어요. 기다리는 건 문제가 아니에요. 그렇지만 '지금 구매하기'가 '지금 결제하면 24시간 안에 업그레이드 서비스를 제공할 겁니다'란 뜻이면 약간의 오해 소지가 있을 수 있지 않겠어요? 요즘 저는 온라인에선 모든 일이 즉시 처리되리라 기대하면서 컴퓨터를 사용하거든요. 그래서 뭔가 진행되는 데 시간이 걸리면 기분이 이상해요.

아, 그리고 저는 냅스터Napster를 할인가에 구독하거나 '배틀필드 히어로즈'Battlefield Heroes의 게임 머니 배틀펀드Battlefunds를 싸게 구입하거나 스포티파이를 특별가로 이용할 수 있어서 좋아요. 또 플래터Flattr 베타 버전에 가입했는데 이것도 앱스모에서 할인가로 이용할 수 있으면 좋을 것 같아요!

그럼 이만,
윌 드림

그런데 여기서 핵심은 이런 방식으로 사업을 계속 성장시킬 수는 없다는 것이다. 사업을 두 배로 키워내는 또 다른 비결은 현재의 고객들에게 최선을 다해 최대한 행복하게 만드는 것이다. 이렇게 하면 두 가지 이점이 생긴다.

- 행복한 고객은 당신의 사업을 자기 친구에게 소개할 것이다.
- 행복한 고객은 현금을 더 많이 쓰고 당신의 새로운 제품이나 서비스를 구매할 가능성이 크다.

고객들과의 관계가 오랫동안 이어질수록 그들에게서 더 많은 이익을 얻을 기회가 생긴다. 그뿐만 아니라 기존 고객의 만족을 위해 노력할 때마다 제품이나 서비스를 훨씬 더 좋게 만드는 유용한 피드백을 얻을 수도 있다. 고객들에게 '어떻게 하면 당신에게 두 배의 만족감을 드릴 수 있을까요?'라고 직접 물어보자. 아마 베어 퍼포먼스 뉴트리션Bare Performance Nutrition의 창업자 닉 베어Nick Bare가 그 최고의 사례일 것이다.

Noah Kagan ✅
@noahkagan

닉 베어는 BPN 보충제의 월매출이 1,000달러에서 10만 달러로 오르자 미국에 있는 모든 고객에게 자필로 쓴 감사 편지를 보냈어요. 그는 한국에 있는 동안에도 직접 편지를 써서 고객에게 감사의 마음을 전달했죠. 이렇게 여러분의 고객들이 특별한 존재라고 느끼게 만들어보세요.

2002년 9월 2일 오후 6:04, 하이프퓨리Hypefury

2 Retweets　　**56** Likes

닉 베어는 발령을 받아 한국에 머무는 동안에도 아침 4시에 일어나 모든 고객에게 개인적으로 메시지를 보냈다. 이는 그가 보충제 사업을 100만 달러대 매출을 올리는 비즈니스로 키워내는 기반이 됐다!

챌린지 24

기존 고객을 더 행복하게 만들자

고객 한 사람을 정해 '어떻게 하면 당신에게 두 배의 만족감을 드릴 수 있을까요?'라고 물어보자.

사업을 성장시키는 핵심 질문

다음 다섯 가지 질문에 대한 답을 생각해보자.

1. 올해 달성하고 싶은 한 가지 목표는 무엇인가?

2. 정확하게 누가 고객이고 어디서 그들을 찾을 수 있는가?

3. 강하게 밀어붙일 수 있는 한 가지 마케팅 활동은 무엇인가?

4. 어떻게 첫 100명의 고객을 기쁘게 해줄 것인가?

5. 30일 안에 돈을 쓰지 않고 사업을 두 배로 키워내야 한다면 무엇을 할 것인가?

제9장

1년에 52개의 기회가 주어진다

· · ·

시스템과 루틴을 이용해 사업도 삶도 꿈꾸는 대로 설계하자

2014년 앱스모는 대략 400만 달러의 매출을 기록했고 순수익은 15만 달러 정도였다. 나는 드디어 그토록 갖고 싶었던 것들을 모두 가질 수 있게 됐다. 마침내 해낸 것이다! 그런데 이상하게 기분이 썩 유쾌하지 않았다. 그동안 너무 애써서 탈진해버린 건 아니었다. 뭔가 다른 이유가 있었다. 그건 일시적이면서 육체적인 요인이었고 보다 근본적인 요인이었다. 나는 길을 잃은 것 같았고 슬펐다. 내 영혼 깊이 뿌리내린 고통이 느껴졌다. 그리고 이 감정이 내 인생의 모든 것을 더럽히고 있었다. 나는 우리가 파는 많은 제품과 회사에서 함께 일하는 많은 사람이 마음에 들지 않았다. 내가 사는 곳도, 심지어 여자 친구도 싫었다.

말이 안 되는 상황이었다. 이렇게 성공했는데 이토록 불행할 수 있을까? 나는 아침에 눈을 뜰 때마다 안 좋은 일이 생길까 봐 몹시 두려웠고 이 근거 없는 두려움을 없애려고 여러 가지를 시도했다. 책을 읽었고, 레딧 포럼에 참여했고, 테라피를 받았고, 간헐적 단식을 했고, 차가운 물로 샤워했다(내 소감이 어땠냐면 최악이었다. 이제 차가운 물로 샤워까지 해서 슬프고 추워서 죽을 것 같았다!).

그로부터 정확히 한 달 뒤 상처는 곪아서 터지기 일보 직전이 됐다. 나는 제휴마케팅 콘퍼런스에 참석했고 거기서 친구인 롭과 이야기를 나눴다. 나는 롭에게 너무나 슬프고 일상에 아무 감흥도 없다고 말했다.

"뭔가가 나를 쪽쪽 빨아먹고 있어. 공허해."

나는 창문 하나 없는 콘퍼런스 행사장에서 프레젠테이션을 보고 있었다. 한 사내가 광고 캠페인을 확산하는 방안에 대해 뭐라고 설명하고 있었다. 그런데 갑자기 눈에서 눈물이 차오르기 시작했다. 나는 공허했고 너무 무서웠다. 성공했으면 삶이 더 나아져야 하는 것 아닌가?

뭔가가 변해야 했다. 나는 영적 탐구를 시작했다. 비틀스와 스티브 잡스는 깨달음을 얻고자 영적 탐구를 시도했듯 내게도 이 여정이 도움이 되기를 기도했다! 지금은 분명하게 말할 수 있다. 당시 나는 나 자신을 찾기 위해 일상에서 잠시 떠나야 했다.

나는 그렇게 내 삶에서 벗어나기로 했고 비틀스와 잡스처럼 인도로 떠났다. 인도 북부의 리시케시로 가서 초월명상(각성, 수면, 꿈과 같이 더 없이 행복한 의식 상태에 이르는 것—옮긴이)을 개발하고 비틀스를 가르쳤던 마하리시 마헤시 요기 Maharishi Mahesh Yogi 의 아시람(힌두교도들이 수행하며 거주하는 곳―옮긴이)에 머물렀다. 나는 세속을 등진 어느 성자와 함께 동굴에서 시간을 보냈고, 깨달음을 얻기를 바라며 요가 수행자들과 어울렸다. 내가 안정감을 느끼는 영역에서 벗어나 나 자신을 찾기 위해 떠난 여정에서 인생을 바꿀 수 있다면 모든 것을 잃어도 좋다는 생각으로 인도 전역을 걸어 다녔다.

그렇게 한 달이라는 시간이 흘렀고 불현듯 깨달음을 얻었다. 수백만 달러의 사업을 일궈낸 나는 진정으로 하고 싶은 일이 아니라 해야 하는 일만 하고 있었다.

나는 사업을 빠르게 성장시키려면 하루에 제품 하나씩 홍보해야 한다고 들었다. 그래서 별로 유용하지도 않은 45달러짜리 '아이폰 앱 만

● 인도를 여행하던 때. 나도 안다, 꼴이 말이 아닌 걸.

들기' 설명서 PDF 같은 제품을 마구 쏟아냈다. 내게 하루에 1만 달러를 받고 조언을 해주던 컨설턴트는 훨씬 더 많은 수익을 내기 위해 더 많은 사람을 채용하라고 했다. 그래서 네 명이 일하던 회사는 6개월 만에 스무 명이 일하는 회사가 됐다. 또한 더 전문가처럼 행동하라는 조언을 듣고는 앱스모에서 내가 좋아하지만 별난 구석이 있는 브랜드를 줄여나갔다. 사업에 대해 생산적인 대화를 나눌 수 있는 모임을 갖고 사업 실적을 검토하라는 조언을 들었을 때는 내가 좋아하지도 않는 직원 및 사업 파트너와의 모임으로 일정을 가득 채웠다.

하지만 나는 전형적인 CEO가 해야 하는 일을 할 필요가 없는, 내가 원했던 삶을 살 수 있는 기업가였다. 그리고 나는 내 삶을 바꿀 힘이 있었다.

내가 사업을 시작해서 기업가가 된 건 자유를 얻기 위해서였다. 즉 모든 일이 항상 이익을 극대화하지 않아도 괜찮다는 뜻이다. 내가 얻고자 하는 자유는 아침에 아이들과 시간을 보내고 오후에 편안하게 쉬는 것인지도 모른다. 아니면 아르헨티나에서 탱고를 배우면서 원격 근무를 하거나 그저 멋있어서 제품을 만드는 것인지도 모른다.

나는 집으로 돌아오는 비행기에서 내가 100퍼센트 지지하는 제품만 앱스모에서 홍보하자고 결심했다. 아무리 록스타처럼 유명해도 불량한 친구와 동료는 내 인생에서 과감하게 끊어내기로 맹세했다. 나는 남들처럼 '별'로 제품을 평가하는 게 아니라 내가 좋아하는 '타코'로 제품을 평가하는 시스템을 계속 사용하고 싶었다. 오전에 회의하지 않는 날을 정했고, 금요일에는 네빌처럼 좋은 친구들과 (온종일) 마음껏 술을 마시며 시간을 보냈다. 소소한 변화처럼 보일지 모르지만 이게 내가 기업가가 된 이유였다. 나는 삶을 내 방식대로 살기 위해 기업가가 됐다.

물론 내 상태가 즉시 호전되진 않았다. 하지만 나는 여전히 나답게 살기 위해 노력하고 있다. 그 무엇보다도 기업가정신과 100만 달러짜리 주말을 통해 나에 대해 많은 것을 알아가고 있다. 그리고 이 세상에서 원하는 것을 모두 얻으려면 먼저 마음껏 원할 수 있어야 하고 반드시 두려움과 맞서야 한다는 것을 배웠다.

일정한 직업을 갖고 1년에 7만 달러를 벌면서 굉장히 행복하게 사는 사람도 있다. 당신이 그런 사람이고 그렇게 살고 있다면 드디어 꿈꾸던 일을 해낸 것이다. 야호! 그러나 다른 꿈을 꾸는 사람도 있으며 이 세상엔 잘못된 꿈이란 없다. 100만 달러짜리 주말은 스스로 무언가를 해내는 것이 꿈인 사람들을 위한 것이다. 빌레이 고글을 직접 디자인한 대니얼 블리스를 기억하는가? 다음은 그가 당신에게 들려주고 싶은 조언이다.

100만 달러짜리 주말을 보내는 것은 내 기업가정신에 불을 붙이는 중요한 과정이었다. 내 초기 사업 아이디어는 서서히 진화했고, 몇 년 만에 나는 미국에서 유럽 암벽등반 용품을 대량으로 공급하는 사업가가 됐다. 10여 년이 지나 나는 100만 달러에 이르는 매출을 올리고 사업을 접었다.

나는 사업을 하면서 번 돈을 은행에만 맡겨두지 않았다. 그 돈을 새로운 곳에 투자해 부를 축적했고 이로써 수많은 기회를 얻었다. 무엇보다 개인적으로 꿈꿔오던 일을 하나씩 이뤄냈다. 전 세계로 여행을 다녔고 이집트에서 프리다이빙 강사 교육을 받았다. 그리고 컴퓨터과학과 프로그래밍을 배웠다.

여기서 끝이 아니다. 나는 삶의 균형을 이루고 내 삶의 질을 상당히 높였다. 여전히 파트타임 집배원으로 일하면서 부업을 하고 있지만, 나는 자유를 마음껏 누리고 배움을 이어나가고 기업가정신이 내게 선물한 '시간의 자유'를 최대한 활용한다.

앞날을 생각해보면 내 미래는 아무것도 그려지지 않은 흰 도화지다. 다음에는 무엇을 하게 될지 모르지만 분명 하루에 8시간 동안 편지를 배달하는 것보다는 더 재미있는 일일 것이다! 과거의 나를 떠올려보면, 솔직하게 말해서 100만 달러짜리 주말 덕분에 나는 완전히 다른 사람이 됐다!

● 100만 달러짜리 삶을 사는 대니얼 블리스

이 마지막 장에서는 실현하고 싶은 꿈이 무엇인지 찾고 이를 현실로 만들기 위한 중요한 일들의 우선순위를 정해볼 것이다. 그런 다음 더 많은 일을 해낼 수 있도록 당신을 도와줄 사람들을 찾아볼 것이다.

챌린지 25

당신의 성공 이야기를 공유해보자

대니얼의 사례에서 보았듯이 당신의 이야기는 또 다른 누군가에게 영감을 줄 수 있다.
noah@MillionDollarWeekend.com으로 메일을 보내거나 소셜미디어에 글을 남기고 @noahkagan을 태그해서 당신의 삶을 어떻게 개선했는지 들려주길 바란다. 나는 당신의 이야기를 밀리언달러위켄드닷컴에 올려 많은 사람과 공유하겠다. 당신이 지금 이 책을 읽고 실천하고 있다면 당신이 옳은 방향으로 나아가고 있다는 것이다.

나의 꿈을 공개하자

직장에서는 자신이 속한 조직을 움직이는 시스템을 받아들여야 한다. 하지만 기업가는 조직을 움직이는 시스템을 스스로 만들어야 한다. 내 사업을 일궈내고 내 삶을 살아가기 위한 필수 과제는 자신의 전반적인 행복을 최적화할 시스템을 설계하는 것이다.

우리 모두 개인의 자유와 기쁨이란 목표를 달성하기 위해 기업가정신을 이용한다. 그런데 기업가마다 스스로 정의하는 성공은 다르다. 즉 스스로 자신의 길을 설계해야 한다. 이렇게 하려면 내 삶을 재설계해서 내가 살면서 당연히 누려야 할 재미와 성취감을 느낄 여유를 만들어낼 수 있다고 스스로 믿어야 한다. 지금 당장 당신의 삶을 재설계해도 좋다. 두려움에 발목 잡히지 마라. 꿈꾸던 삶을 설계하면서 진정한 부자가 될 수 있다. 그러니 멈추지 말고 계속 나아가라!

기업가정신은 일에 집어삼켜지는 것이 아닌 내 삶을 중심으로 일을 만들 기회다. 그런데 문제는 기업가로서 그리고 배우자나 부모로서 신경 써야 할 일이 오만 가지 생긴다는 것이다. 이렇게 거듭되는 혼란스러운 상황이 내 하루를 온전히 살아가는 데 방해가 된다. 이것이 재미와 성취감을 느끼면서 사는 걸 가로막는 큰 장애물 중 하나다. 집중할 수 없으면 통제력을 잃게 된다.

그렇다면 어떻게 해야 목표에 집중력을 잃지 않거나 삶에 통제력을 잃지 않을 수 있을까? 지금부터 집중력을 되찾는 데 도움이 되는 체크리스트를 만들어볼 것이다. 참고로 내가 만든 체크리스트도 소개하겠다.

1년 동안 하고 싶은 일을 목록으로 정리하자

최고의 한 해를 상상해보자. 눈을 감고 과카몰리를 원하는 만큼 잔뜩 넣은 치폴레를 한입 베어 무는 상상을 해보자. 자유수를 달성해 좋아하는 식물을 검색하는 데 반나절을 쓰고 이곳저곳에서 사는 나날을 그려 보자. 요점을 말하면 자신이 진정으로 원하는 것에 대해 생각해볼 때만 꿈꾸던 삶이 현실이 될 수 있다. 다음은 내가 최근 한 해 동안 하고 싶은 꿈같은 일을 정리한 목록의 일부다.

- [ ] 앱스모는 소프트웨어 마켓플레이스로 손쉽게 매출 3,000만 달러를 올릴 정도로 성장한다.
- [ ] 합리적인 가격에 수영장과 차고가 있고 수납공간이 충분하며 근사한 부엌이 딸린, 꿈에 그리던 집을 찾는다.
- [ ] 원하는 만큼 술을 마시고 자전거를 타면서 스페인에서 신나는 경험을 한다.
- [ ] 유튜브 채널의 구독자 수를 50만 명으로 늘린다.
- [ ] 비행기 면허증을 딴다.
- [ ] 자전거를 타면서 최상의 건강 상태를 만든다.
- [ ] 자전거로 미국을 횡단한다.
- [ ] 조 로건 Joe Rogan 의 팟캐스트에 출연해서 나만의 경험에 관해 이야기한다.
- [ ] 전 세계적으로 폭발적인 인기를 얻을 넷플릭스 프로그램을 제작한다.
- [ ] 경영서나 자기계발서가 아니라 사람들의 심금을 울릴 베스트셀러를 쓴다.
- [ ] 일주일 동안 혼자서 여행을 떠난다.

- ☐ 산악자전거를 타기에 좋은 애슈빌, 선밸리, 잭슨홀, 세도나를 방문한다.
- ☐ 부모님과 유럽으로 여행 가서 시간을 보낸다.
- ☐ 캠핑카를 타고 그랜드 캐니언으로 여행을 떠난다. 그랜드 캐니언으로 가는 길에 자전거도 타고 디스크 골프도 치고 모닥불도 피우고 작은 식당에서 식사도 하고 맥주 양조장에도 들른다(아마도 동생과 함께 있겠지?).

올 한 해 동안 하고 싶은 꿈같은 일을 죽 나열해보자. 한 해 동안 하고 싶은 꿈같은 일이 그저 '근사한 집을 사고 사업이 대박 나는 것'만은 아닐 것이다. 어디서 살고 싶은지, 무엇을 하고 싶은지, 어떤 기분을 느끼고 싶은지, 어디로 떠나고 싶은지 등 구체적으로 작성해야 한다.

이렇게 하면 살면서 스스로 해낼 수 있는 일에 대한 영감을 얻게 된다. 그런 다음에는 스스로 해낼 수 있을 것 같은 많은 일 중에서 자신에게 중요하다고 느껴지는 일에 집중하라. 이렇게 하면 '이거 대단한데. 이 모든 고무적인 일을 내가 해낼 수 있구나!'라는 생각이 들면서 더 큰 꿈을 꿀 수 있게 된다.

여기서는 '한 해 동안 하고 싶은 꿈같은 일'을 정리하는 것이 목표다. 그러니까 이 단계에선 큰 꿈을 꾸고 그 꿈을 실현할 방법은 고민하지 마라. 지금 이런 목록을 작성하는 것은 한 해를 신나게 보낼 비전을 만들기 위함이다. 한 해 동안 하고 싶은 꿈같은 일이 분명하고 구체적일수록 그 일을 실현하는 데 집중할 수 있다.

1년 내내 그때그때의 상황에 대처하느라 목적을 잃어버린 채 정신없이 살 것인가? 그러지 말고 자신에게 최고의 한 해는 어떤 모습일지 고민하고 정리해서 기록으로 남겨보자.

챌린지 26

하고 싶은 꿈같은 일을 떠올려보자

한 해 동안 하고 싶은 꿈같은 일의 목록을 노트에 최대한 자세하고 구체적으로 작성해보자.

하고 싶은 일을 목표로 바꿔보자

한 해 동안 하고 싶은 꿈같은 일이 무엇인지 정리했다면 이제는 그 일들을 살펴보고 선별해서 목표로 만들 때다. 이것은 당신의 인생이다. 그러니 한 해 동안 하고픈 꿈같은 일 중에서 시도해보면 가장 신날 것 같은 일을 선택하자. 여기서는 일관성이 중요하다. 지난해 세웠던 목표를 이어서 추구하는 것도 좋다. 나는 목표를 적게 세우고 이를 성취하는 과정에서 즐거움을 느끼는 걸 선호한다.

예를 들어 '일, 건강, 개인 일정, 여행'이라는 네 가지 영역으로 구분해서 목표를 세워보자. 자유롭게 당신이 원하는 대로 영역을 구분해서 목표를 세워도 좋다. 이건 그 누구도 아닌 당신의 삶이니 당신이 하고 싶은 대로 하라! 다음은 내가 앞서 소개했던 한 해 동안 하고픈 꿈같은 일을 바탕으로 세운 목표다.

일

- 앱스모 매출 3,000만 달러 달성하기
- 유튜브 구독자 50만 명 달성하기
- 이 책 마무리하기

건강

- 자전거로 미국 횡단하기
- 팔굽혀펴기 7만 5,000회 달성하기

개인 일정

- 비행기 면허증을 취득하고 직접 비행기를 조종해서 앨버커키까지 가기
- 한 해 동안 벌어들인 돈을 기부하거나 나 자신과 가족, 친구를 위해 쓰기
- 오스틴에 근사한 집 구하기

여행

- 일주일 동안 혼자서 여행 가기

- 산악자전거를 타기 좋은 도시로 여행 가기(애슈빌, 선밸리, 잭슨 홀, 세도나)
- 부모님, 동생과 여행하기

목표를 세울 때 유념할 점

- 한 해 동안 꿈같은 일을 모두 해야 한다는 부담을 가질 필요는 없다. 하고 싶은 일 중에서 자신이 정말 즐겁게 할 수 있는 일이 무엇인지 고민해보는 것이 중요하다. 경험상 주저하게 되는 일은 목표로 설정하지 않는 게 좋다.
- 나라고 해서 매년 목표한 일을 모두 해내는 것은 아니다. 목표한 바를 모두 이뤄내지 못해도 괜찮다. 이런 목록을 작성하는 것은 우선순위를 정하기 위함이다. 우선순위를 정하는 것은 조금 뒤에 자세히 다루도록 하겠다. 한 해 동안 이루고 싶은 목표를 정리하고 그에 맞춰 일정을 세우면 정말 하고 싶은 일에 집중적으로 시간을 할애할 수 있다.
- 지난 10년 동안 나는 대단히 공격적인 목표를 세우려고 했다. 하지만 이내 지속 가능한 목표를 세우고 도전하는 것이 더 좋다는 사실을 깨달았다. 한 해 동안 매진해서 인상적인 성과를 내고 탈진해버리는 것보다 꾸준히 끌고 갈 수 있는 목표를 세우고 달성해가는 것이 더 좋다.
- 나를 위해 이 목록을 작성하는 것이지, 이 목록에 적힌 목표를 달성하기 위해 내가 존재하는 게 아니다. 한 해를 반쯤 보

내 시점에 어떤 목표가 처음 생각했던 것만큼 중요하지 않다고 판단되면 목표를 바꿔라. 그래서 나는 1년에 두 번 정도 목록을 재검토하고 업데이트한다.

목표를 달성하는 최고의 방법은 목표를 최대한 자주 확인하는 것이다. 당신이 시선을 자주 두는 곳은 어디인가? 다음은 내가 목표를 잊지 않도록 목표가 적힌 목록을 두는 곳이다.

- 휴대폰의 잠금 화면으로 설정하기
- 접착식 메모지에 적어서 컴퓨터에 붙여두기
- 매주 보는 문서 파일에 보관하기
- 욕실 거울에 붙여두기
- 매일 읽는 메모장에 적어두기

챌린지 27

누군가에게 나의 연간 목표를 보내보자

초기에 당신의 사업에 1달러를 투자했던 사람이나 친구도 좋다. 아니면 당신이 약속을 지킬 수 있도록 도우면서 정기적으로 당신이 목표를 달성하고 있는지 확인해줄 수 있는 사람이라면 누구나 좋다.

이제 목표들이 세워졌으니 불필요한 곳에 시간을 쓰지 않고 목표들에 우선적으로 시간을 할애하는 법을 살펴보도록 하자.

캘린더를 색칠하라

계획하지 않는 것은 실패를 계획하는 것과 다름없다.

_벤저민 프랭클린

168시간. 일주일에 우리는 모두 공평하게 168시간이라는 똑같은 시간을 얻는다. 그런데 어째서 어떤 사람은 똑같은 시간 동안 다른 사람보다 더 많은 일을 해내는 걸까?

우리 모두에겐 반드시 처리해야 할 의무와 같은 일이 있다. 예를 들면 자녀 양육, 지역사회 활동, 직장 생활 등이다. 그러니 중요한 일에 쓸 시간은 따로 빼둬야 한다. 내게 당신의 캘린더를 보내주면 당신에게 가장 중요한 게 무엇인지 말해주겠다. 목표가 마련됐다면 그것들을 캘린더에 주 단위로 기록해두자. 나는 다음과 같이 캘린더에 일정을 정리한다.

- 모든 활동을 캘린더에 기록한다.
- 각 범주에 컬러 코드를 지정한다.
- 매주 우선 해야 하는 일에 색상을 지정하고 캘린더에 기록한다.
- 매주 일요일에 진행 상황을 점검한다.

하지만 시간을 이렇게 쓰고 저렇게 쓰라고 할 생각은 없다. 그보단 앞서 세운 목표들에 할애할 시간을 확보하는 데 도움이 되는 방법을 알려주고자 한다.

범주와 컬러 코드를 활용하자

다음은 나의 주간 일정이 기록된 지극히 전형적인 캘린더의 스크린숏이다. 뭔가 눈에 띄는 게 있지 않은가? 캘린더가 온통 흑백이다. 내 담당 편집자가 책에 색을 넣으면 아주 비싸진다며 나를 말렸다. 하!

하지만 실제로 내 캘린더는 모든 일정에 컬러 코드(지정된 컬러 색상의 조합을 통해 디지털 정보를 기록·저장하는 새로운 개념의 데이터 표현 방식―옮긴이)가 지정되어 있다. 각 색상에는 다음과 같은 뜻이 있다.

• MillionDollarWeekend.com에서 내 캘린더의 최신 버전을 확인할 수 있다.

- 파란색 = 일
- 초록색 = 건강
- 보라색 = 개인 일정
- 노란색 = 여행

이렇게 목표들을 범주로 나누고 색상을 지정해 캘린더에 삽입하면 캘린더를 보고 내가 해야 할 일이 어떤 종류의 일인지 즉각 파악할 수 있다. 즉 캘린더를 보는 것만으로 목표들에 얼마나 많은 시간을 할애하고 있는지 금방 파악할 수 있다. 그리고 캘린더를 대충 훑어만 봐도 일과 우선순위가 어떻게 정리되어 있는지, 각 하루가 어떻게 맞물려 돌아가는지 알 수 있다.

내게 당신의
캘린더를 보여달라.
당신에게 가장 중요한 게
무엇인지 말해주겠다.

이런 식으로 캘린더를 정리하는 게 스트레스나 잔업으로 다가올 수도 있다. 만약 그렇다면 이 방법은 과감하게 버려라. 당신이 당신의 시간을 어떻게 관리하는지는 내 알 바 아니다. 나는 당신이 살면서 반드시 해내겠다고 스스로 세운 목표들에 우선적으로 시간을 할애하느냐에만 관심이 있다.

그런데 나와 같은 방식으로 캘린더를 정리하면 '누가 봐도 내 목표는 유튜브 구독자를 50만 명까지 늘리는 건데 파란색이 왜 이렇게 적지?'라고 생각하고 목표에 더 많은 시간을 할당할 수 있다.

꿀팁) 우선 사항을 앞부분에 배치해야 한다. 이 말인즉슨 주된 목표가 유튜브라면 주초에 이 목표와 관련된 업무에 집중하도록 캘린더를 작성해야 한다. 이렇게 하면 제일 중요한 업무를 반드시 끝낼 수 있다. 일주일이 저물어가면 대부분은 지치기 마련이다. 그래서 나는 의도적으로 월요일과 화요일에 가장 중요한 업무를 처리하도록 일정을 정리한다.

가장 중요한 업무를 우선 처리하는 법

어느 날 나는 네빌에게 온종일 무엇을 하느냐고 물었다. 그랬더니 그는 만화영화 〈심슨 가족〉The Simpsons 을 보고 기타 연주를 하면서 시간을 보낸다고 했다. 헉! 종일 집에서 빈둥대면서 아무것도 하지 않는단 말인가? 나였다면 엄청난 죄책감과 불안감에 시달렸을 것이다.

사실을 말하면 네빌은 목표에 따라 주 단위로 우선순위를 정했다. 그리고 자신의 사업과 관련해 반드시 해야 하는 일이 진행되도록 시스템을 구축해놓았다. 그는 그 시스템이 잘 굴러가도록 관리하면서 다른 사람이 원하는 삶이 아닌 자신이 원하는 삶을 살아가고 있었다.

나는 시간의 우선순위를 정할 때 다음과 같은 질문들을 나 자신에게 묻고 답해본다.

1. 매주 무엇을 할지 어떻게 정할까?

매주 일요일이면 나는 15분 동안 지난주를 되돌아보고 다음 주에 할 일들을 정리한다. 이렇게 하면 연간 목표들을 되새기고, 이를 달성하려면 매주 무슨 일을 해야 할지 판단하고 결정할 수 있다.

2. 어떻게 이 일들을 해내면 목표에 더 가까이 다가갈 수 있을까?

일요일에 지난주를 되돌아보면서 지난 일요일에 세웠던 목표와 비교해 얼마나 성과를 냈는지 살펴본다. 이렇게 하면 연간 목표를 향해 제대로 나아가고 있는지 파악할 수 있다. 이는 자신을 평가하거나 망신 주려는 게 아니라 책임감을 느끼고 계속 나아가기 위함이다.

3. 게으름을 피우고 싶으면 어떻게 하지? 이것도 일정에 넣어야 하나?

네빌이라면 어떻게 했을까? 아무것도 안 했을 것이다. 네빌처럼 아무것도 하고 싶지 않은 날이 있다. 그런 날이면 그냥 즐겨라. 게으름을 피우고 싶은 마음을 이용해보자. 해야 하는 일에서 외부에 용역을 주고 처리할 수 있는 일이 있을까? 아니면 아예 할 필요가 없거나 그 일을 대신 처리해줄 소프트웨어는 없을까? (앱스모닷컴에서 좋은 가격에 해당 소프트웨어를 찾을 수 있을지도 모른다!)

4. 어떻게 목표 달성에 도움이 되는 일에 더 집중할까?

목표를 달성하는 데 도움이 되는 일이라면 무엇이든 반복하라. '반복하는 일이 많을수록 더 잘 해낼 수 있다'가 내 모토다. 매주 월요일과 목요일에 오후 1시부터 3시간 동안 유튜브에 매달린다면 이는 습관이 된다. 그리고 매주 화요일 밤에 나는 자전거를 타러 나가는데 이젠 습관이 돼서 자동으로 화요일 밤만 되면 자전거를 끌고 밖으로 나간다. 자동으로 중요한 일들을 처리하게 되면 목표 달성에 도움이 되는 더 복잡한 일들에 집중할 수 있다.

목표와 계획을 세웠다면 마지막으로 책임감을 갖고 목표들을 달성하기 위해 노력하도록 자신을 돕는 지원 시스템을 갖춰야 한다. 지금부터 그 시스템을 마련해보자.

혼자 만들어내는 성공은 없다

내 순수익의 90퍼센트는 사람들과의 만남에서 나온다. 앱스모를 시작했을 때 나는 내게 채드 보이다Chad Boyda를 소개해준 앤드루 워너Andrew

Warner에게 전화했다. 그는 나의 사업 파트너가 되었고 최고기술책임자이자 제일 친한 친구가 됐다.

앤드루 첸은 내가 스타트업 피크닉에서 만났던 인물로, 앱스모를 번들 소프트웨어를 판매하던 웹사이트에서 좋은 가격에 좋은 소프트웨어를 소개하고 판매하는 웹사이트로 바꿔놓았다. 이렇게 사업 방향을 전환했던 해에 앱스모 매출은 네 배로 뛰었다!

팀 페리스는 나의 두 번째 거래를 성사시키는 데 일조한 글을 트위터에 널리 퍼트렸고 덕분에 매출이 천정부지로 치솟았다(참고로 그는 우버 투자자로 위세를 떨쳤다).

《린 스타트업》으로 유명한 에릭 리스 Eric Ries 는 앱스모의 매출을 수십만 달러에서 수백만 달러로 끌어올리는 데 기여한, 스타트업 대상의 번들을 거래하도록 큰 도움을 줬다.

네빌 메도라는 이메일 한 통으로 발송 건당 100달러 남짓하던 매출을 1만 달러로 끌어올리는 데 도움을 줬다.

위대한 기업가에겐 이처럼 위대한 동료들이 있다. 혼자 힘으로 성공한다는 것은 어불성설이다. 모두가 한 팀처럼 서로의 성공을 돕는다. 기업가로서 발을 내디딘 당신은 많은 순간 좌절하고 외로워할 것이다. 좌절감과 외로움은 기업가라는 직함과 함께한다. 그래서 주변에 당신의 성공을 도와줄 사람들을 둬야 한다. 당신이 걷고 있는 그 길을 똑같이 걷고 있는 다른 기업가들과 함께해야 한다. 특히 혼자서 사업을 시작한다면 당신을 지지해주고, 동반자가 되어주고, 가르침을 주고, 책임감을 느끼게 하는 자신만의 사회기반을 구축해야 한다.

그러면 지금부터 기업가로서 사업을 시작할 때 당신에게 힘이 되어줄 사람들과 만나는 세 가지 방법을 소개하겠다.

1. 책임감을 느끼게 하는 친구를 곁에 두자

누군가가 우리의 행동을 지켜보고 있을 때 우리는 더 좋은 선택을 하고 더 열심히 일한다. 이것이 바로 호손 효과Hawthorne Effect(지켜보는 사람의 유무에 따라 행동에 차이가 나타나는 현상―옮긴이)다. 내게 호손 효과는 생산성을 높이는 최고의 비결이다.

외부에서 오는 약간의 압박감은 변함없이 정직하고 옳은 일을 하게 해준다. 지난 10년 동안 나는 매주 일요일이면 친구인 애덤 길버트Adam Gilbert에게 지난 한 주 동안 내가 했던 모든 일을 대략 정리해서 이메일을 보낸다. 목표했던 일을 얼마나 해냈고 다음 주에는 어떤 일을 할 것인지 매주 일요일에 이메일로 보고하는 것이다. 다음은 한 주를 되돌아보면서 내가 애덤에게 보낸 이메일이다.

10월 2일 8:50 PM 일요일 노아 케이건 보냄 <noah@gmail.com>

일:

앱스모

- 고객 여정 그리기

  - 고객 여정 지도를 제작하는 데 상당한 진척이 있었음

- 블랙 프라이데이 마케팅 지속 활용하기

    - 블랙 프라이데이 마케팅에 완전히 집중했고 박차를 가했음

- 회사에서 주요 인사와 일대일로 면담하기

    - 거의 모든 사람과 면담을 진행했고 내일 모두 끝낼 계획임

- CFO, 수석 마케팅 자문관과 영업 자문관 영입하기

    - 마케팅 자문관은 채용했고 이번 주에 CFO를 영입하고 일주

      일 안에 영업 자문관을 찾을 계획임

- 출판 에이전트와 지금 작업 중인 책의 레이아웃과 디자인 협의하기

    - 1차 미팅을 완료했고 추가로 협의할 계획임

- 탈 라즈 만나기

    - 완료

- 베타 독자들이 단 댓글 확인하기

    - 피드백이 아주 좋았고 더 개선할 필요 있음

건강:

복싱하기

스쿼시하기

산악자전거 타기

- 스쿼시 빼고 전부 했음. 전부 하지 않은 죄를 사하여주소서.

개인 일정:

책 읽기

- 《ESG와 세상을 읽는 시스템 법칙》종이책으로 읽기
- 《4000주》전자책으로 읽기
- 《고래를 잡아먹은 물고기》The fish that ate the whale 오디오북 듣기

댄과 ACL(아시아챔피언스리그)가기

- 아마도 오늘 밤에 결정할 생각임

여행:

부모님과 함께 떠날 유럽 여행지 조사하기

- 완료

애덤은 내가 보낸 메일에 '블랙 프라이데이를 마케팅에 활용한 건 잘했어. 그게 매출로 어떻게 이어질지 궁금해. 팔굽혀펴기는 얼마나 했어? 지난주 한 일에 팔굽혀펴기는 없네. 그런데 그게 올해 네게 중요한 목표라고 했잖아'라고 회신했다.

존경할 만한 사람을 찾자. 아마도 비슷한 목표를 향해서 묵묵히 나아가는 사람일 것이다. 그리고 일요일마다 마치 의식처럼 서로에게 이메일을 보내서 진행 상황을 보고하면서 목표로 향하는 여정을 잘 나아가도록 서로를 격려하자. 당신의 친구는 당신의 이메일에 회신해서 당신이 목표에 대해 책임감을 느끼도록 만들 것이다. 그리고 당신에게 지지를 보내고 작은 성취를 축하해줄 것이다. 만약 당신이 계획대로 일을 진행하지 않았는데도 이메일을 보내거나 전화를 하지 않는다면 그보다 더

좋은 사람을 찾아야 한다.

목표한 바에 책임감을 느끼게 만드는 친구들을 곁에 두는 건 100만 달러의 매출을 낼 사업 아이디어를 가진 것과 같다. 아마도 누군가는 이런 친구를 찾아서 서로에게 책임감을 느끼는 관계를 맺을 수 있을 것이다.

챌린지 29

목표에 책임감을 느끼게 하는 친구를 곁에 두자

내가 목표에 책임감을 느끼게끔 하는 친구는 _____ **이다.**

매주 목표했던 일이 무엇이고 얼마나 해냈는지 보고할 친구를 찾자. 지난 10년 동안 나는 마이보디튜터닷컴mybodytutor.com에서 만난 애덤 길버트에게 매주 이메일을 보내 내가 연간 목표에 얼마나 가까워졌는지 보고했다. 책임감은 목표를 달성하는 데 엄청난 힘을 발휘한다.

MillionDollarWeekend.com으로 가서 뉴스레터 구독 신청을 해보자. 그러면 당신이 세운 목표에 책임감을 느끼도록 독려하고 지지할 친구를 내가 소개해주겠다. 이미 이런 친구가 곁에 있지만 지금 하는 사업에 도움을 얻을 사람들을 어디서 어떻게 만날 수 있을지 모르는가? 그러면 다음 방법들에 귀를 기울여보자.

2. 예비 인플루언서를 공략하자

나는 항상 야심 있는 사람들이 '성공하기 전에' 소통하려고 노력한다. 이렇게 하는 것이 성공한 사람들과 소통하고 서로 돕고 진짜 인간관계를 맺기가 훨씬 더 쉽기 때문이다.

2007년에 나는 팀 페리스를 만났다. 그가 유명해지기 전이었고 《나는 4시간만 일한다》가 출간되기 전이어서 책 홍보를 하던 때였다. 라밋 세티는 그가 대학생으로 아이윌티치유투비리치닷컴 iwillteachyoutoberich.com 이라는 블로그를 막 시작했을 때 만났다. 당시 그는 이 블로그로 단 한 푼도 벌지 못했다. 좋은 친구가 된 이후에도 그들은 내가 목표한 일을 해낼 수 있도록 도움을 줬다. 기억해야 할 것은 그들의 현재 사회적 위치만큼 그들의 미래 사회적 위치도 중요하다는 점이다.

지금도 나는 포부가 큰 사람들을 찾아서 친구가 되려고 애쓴다. 몇 년 전 내가 마케팅 이그잼플스Marketing Examples 의 해리 드라이Harry Dry 에게 연락했을 때 그는 영국에서 온 청년이었다. 나는 그가 발행하는 뉴스레터가 너무나 마음에 들었다. 그는 마케팅 사례 연구와 광고문 작성 팁을 담은 뉴스레터를 제작했다. 나는 그처럼 흥미로운 사람들에게 연락해서 친분을 쌓는 것을 아주 좋아한다. 그리고 이 관계는 현재와 미래에 서로에게 도움이 될 좋은 기회를 만들어낸다. 아무 기대 없이 언젠가 대단한 사람이 될 것 같은 사람, 즉 프리플루언서 Prefluencer 와 친구가 되어보자.

현재 해리의 뉴스레터 구독자는 10만 명이고[1] 링크드인 팔로워는 3만 명이며[2] 트위터 친구는 14만 명이다.[3] 그는 엄청 대단한 일을 해내고 있다! 그런데 우리는 친구다! 지금의 그라면 불쑥 연락해서 대화를 나누기가 어려울 것이다. 하지만 나는 그가 프리플루언서일 때 만났다. 그래서 라밋과 팀처럼 느닷없이 연락해서 대화를 나눌 수 있다.

프리플루언서를 찾을 때는 다음 세 가지 방법이 도움이 될 것이다.

1. 당신이 보기에 인상적인 일을 하는 사람은 누구인가?
2. 인상적인 일을 하는데도 큰 주목을 받지 않고 당신이 연락했을 때 회신할 가능성이 있는 사람은 누구인가?
3. 회신한 그를 돕기 위해 당신이 할 수 있는 일은 무엇인가?

챌린지 30

프리플루언서와 친구가 되자

누군가와 소통하는 가장 쉬운 방법은 대가를 바라지 않고 먼저 그를 칭찬하는 것이다.

내가 접촉하고 있는 프리플루언서는 _____ 이다.

그에게 다음과 같은 메시지를 보내보자.

안녕하세요? [프리플루언서 이름] 씨,

전 당신이 하는 일이 너무나 좋아요. [어떤 부분이 좋은지 또는 그것이 당신의 삶에 어떻게 영향을 줬는지를 구체적으로 작성한다.]

앞으로도 계속 그 일을 하세요!

[당신의 이름]

이 메시지를 받은 사람은 당신에게 회신할 가능성이 크다. 그러면 앞으로 함께 일해보자거나 서로에게 도움이 되어주자는 등의 대화를 이어가면 된다. 스팸 메일은 무언가를 요구하는 메시지를 담고 있다. 반면에 위 메시지처럼 누군가와 소통하고 관계를 맺으려는 목적으로 작성된 이메일은 그 어떤 대가도 기대하지 않고 그저 격려와 찬사만을 보낼 뿐이다.

3. 소개를 받아서 자신만의 VIP 네트워크를 만들자

앤드루 첸은 실리콘밸리에서 유명한 임원이다. 그는 게임, AR/VR, 메타버스 등 최신 유행하는 사업에 전문적으로 투자하는 앤드리슨 호로위츠Andreessen Horowitz에서 벤처캐피털을 운용한다.

앤드루가 2007년에 베이 지역으로 이사를 왔을 때 그가 아는 유일한 사람은 나였다. 포부가 큰 23세의 청년이었던 그는 자신의 꿈을 실현하고 성공하려면 인맥을 넓힐 필요가 있다는 것을 깨달았다. 그래서 자신보다 열 배는 괜찮은 사람들을 만나서 관계를 맺기 위해 '첫 6개월 동안은 하루에 새로운 사람 다섯 명을 만나자'라는 목표를 세웠다.

그로부터 1년이 채 안 되어 앤드루는 (넷스케이프의 공동 창립자이자) 벤처캐피털리스트인 마크 앤드리슨Marc Andreessen과 (줌의 창립자이자) 기업가인 에릭 유안Eric Yuan 같은 유명한 사람들과 친분을 맺었다. 그리고 그는 세상에서 가장 유명한 벤처캐피털 회사 중 하나인 앤드리슨 호로위츠에서 제너럴 파트너로 일하게 됐다.

그가 주요 인사들과 인맥을 쌓을 때 사용한 전략은 끈질기고 꾸준히 연락하고 새로운 사람을 소개해달라고 부탁하는 것이었다. 새로운 누군가를 만난 뒤에는 항상 감사 이메일을 보냈다. 그리고 감사 이메일에는 반드시 다음의 내용을 담았다.

- 상대방과의 대화에서 그가 흥미롭다고 생각했던 부분
- 그와의 대화 이후 해야 하는 일에 대한 언급
- 더 많은 사람과 만날 수 있도록 소개해달라는 부탁

당신도 지금 사는 도시에서 이와 같은 시도를 해보고 싶은가? 그렇다면 앤드루가 내게 보낸 이메일 내용을 참고해 활용해보자.

안녕하세요? 노아,

시간을 내서 저와 만나주셔서 감사드려요. 당신은 정말 멋진 사람이에요.

우리가 나눈 대화에서 저는 세 가지 중요한 교훈을 얻었어요.

- 촉각학을 공부하자. 촉각학을 통해 사업을 성장시킬 좋은 기회를 얻을 수도 있다. (여기서 수십억 달러를 벌 수 있는 사업 기회가 나올 거라고 하셨죠. 맙소사!)
- '성공하려면 확장하지 않는 일을 하라.' 정말 멋진 인용이었어요.
- 현재 눈여겨볼 기업은 뮤추얼 모바일Mutual Mobile, 오닛Onnit, 백링코 Backlinko다.

정말 감사해요.

그런데요. 혹시 당신이 생각했을 때 제가 꼭 만나봐야 할 사람 1~2명을 소개해주실 수 있을까요? 다시 한번 더 감사드려요.

앤드루 보냄

만나면 좋은 사람 명단을 받은 앤드루는 세 가지 핵심 내용이 담긴 소개 이메일을 그들에게 보냈다.

- 자신에 대한 간단한 소개
- 자신이 제공할 수 있는 가치(그와 관계를 맺으면 그들이 얻게 되는 것을 설명)
- 만나고 싶은 이유

그는 추천 명단에 있는 모두에게, 즉 개인적으로 알고 지내고 싶은 기업가나 VIP에게 이 내용을 골자로 작성한 이메일을 보냈다. 당신도 앤드루처럼 할 수 있다. 당신이 왜 재미있는 사람인지, 당신이 어떻게 도움을 줄 수 있는지, 당신이 왜 만나고 싶은지 말할 때는 거침이 없어야 한다. 개인적으로 친분을 쌓으려고 연락한 사람에게 위에서 언급한 세 가지 핵심이 빠진 이메일을 보냈다면 당신의 이메일은 무시당할 것이다.

다음은 앤드루가 보냈던 이메일이다. 강조하고 싶은 부분에는 내가 주석을 달았다.

제목: 스티브 스미스에게서 소개받고 연락드립니다. [제목에서 상대의 관심을 단번에 끌어야 한다. 앤드루는 여기서 서로 알고 있는 사람을 언급했다.]

안녕하세요? 밥,

화요일 아침을 상쾌하게 출발하셨길 바라요.

저의 좋은 친구인 스티브 스미스가 제가 다음에 꼭 만나봐야 할 사람으로 당신을 제일 먼저 소개해줬어요.

전 당신이 운영하는 블로그가 마음에 무척 들어요. 특히 샌프란시스코에서 크게 성공하는 방법에 관한 글이 좋았어요. [자세하게 이야기를 풀어나가면서 칭찬의 강도를 높여라.] 당신에게 영감을 얻어 밋업닷컴 Meetup.com 에서 행사를 열어서 이것저것 시도해보고 있어요. [진실하다고 여겨지는 내용이어야 한다.]

당신의 마케팅 전략에 대해 만나서 대화를 나눠보고 싶어요. [당신이 상대에게 줄 수 있는 '선물'을 풀어라.]

다음 주 화요일 오전 10시에 쿠파에서 만나는 거 어때요? 아니면 당신이 편한 시간과 장소를 알려주세요. [당신이 상대에게서 기대하는 것을 구체적으로 말할수록 좋다.]

그리고 다음에 제 블로그에서 당신을 소개하는 글을 올리고도 싶어요. 참고로 매월 2,000명 정도가 제 블로그를 방문한답니다. [상대에게 더 많은 가치를 제공할 수 있음을 강조하라.]

감사합니다.

앤드루 드림

추신. 제 소개를 안 했네요. 저는 이제 막 샌프란시스코로 이사를 왔고 최근에는 마크 앤드리슨, 미치 케이퍼 Mitch Kapor 등과 만났어요. [사회적 증거를 제시하며 한번 만나보자고 상대를 설득하라.]

챌린지 31

새로운 사람을 소개해달라고 친구들에게 부탁하자

지금 머릿속에 제일 먼저 떠오르는 사람이 누구인가? 당신이 알고 있는 친구 중에서 가장 인상적인 친구는 누구인가?

그 친구에게 다음과 같은 메시지를 보내보자.

> 안녕? [친구 이름]
> 넌 내가 알고 있는 친구 중에서 제일 멋진 녀석이야. 그래서 내가 인맥을 넓혀나갈 수 있게 도와줬으면 해.
> 나는 VR, 3D프린팅, 이메일 마케팅에 관심이 아주 많아.
> 한 명이라도 좋으니 소개시켜줄 사람 있어?
> 지금 당장 떠오르는 사람이 없어도 괜찮으니까, 부담은 느끼지 마.

'한 명만' 소개해달라고 부탁하면 상대도 부담이 덜하면서 동시에 누군가를 내게 소개해줘야 한다는 숙제를 갖게 된다. 어쨌든 소개를 받으면 만나서 즐거운 시간을 보내자. 그리고 새롭게 사귄 친구에게 또 다른 사람을 소개해달라고 부탁해보자.

지금까지, 고민하지 않고 지금 당장 시작했을 때 얼마나 대단한 일이 일어나는지를 살펴봤다. 그리고 누군가에게 무언가를 요청하는 두려움을 극복하고 100만 달러를 벌 사업 아이디어를 찾아 사업성을 빠르게 검증하는 법도 익혔다. 또한 소셜미디어로 사업을 성장시키고 이메일로 수익을 내는 법을 배웠고 마케팅 전략을 완벽하게 습득했다. 자신의 꿈이 무엇인지 파악하고 대단한 사람들과 함께 그 꿈을 실현하는 법도 익혔다. 그러면 이제 해야 할 일은 무엇일까?

다시 한번 시작하라

아버지가 임종을 얼마 앞두지 않은 어느 날, 집으로 아버지를 보러 간 적이 있었다. 집 안 풍경은 슬펐다. 약통과 빈 시에라 네바다 맥주캔이 여기저기 널브러져 있었고 아버지는 레이지보이La-Z-Boy 흔들의자에 앉아서 꾸벅꾸벅 졸고 있었다. 허접한 지역 방송국에서는 뉴스가 잔잔하게 흘러나왔다.

나는 아버지 곁에 앉아서 침울한 표정으로 TV를 봤다. 마치 어린 시절로 되돌아간 것 같았고 아버지의 사랑과 칭찬이 너무나도 간절했다. 아버지에게 작별 인사를 하러 갔던 거였지만 돈을 많이 벌고 부자가 될 수 있게 많은 가르침을 주셔서 감사하다는 말도 전하고자 갔던 것이었다. 나는 나답게 농담을 섞으면서 내 마음을 아버지에게 전했다.

"걱정할 필요 없어요, 아버지. 아버지한테 빌붙으러 온 게 아니에요. 제가 살 집을 마련했어요. 못 믿으시겠지만 제가 시작했던 사업이 올해 몇백만 달러의 수익을 창출하고 있어요. 대단하죠?"

"그래, 장하구나. 노아야, 채널 좀 바꿔주련?"

그게 다였다. 아버지와 아들이 부둥켜안고 엉엉 우는 할리우드 영화에나 나올 법한 장면은 연출되지 않았다. 아버지는 지혜가 담긴 조언을 해주거나 울음 섞인 목소리로 내가 얼마나 자랑스러운지 말해주지 않았다. 나는 서둘러 집으로 돌아갔다. 덜컥 겁이 났고 불안했다.

다른 사람은 듣지 못하는 목소리가 내 머릿속에선 항상 울리곤 한다. 나는 그 목소리에서 완전히 자유로워질 수 없을 것이다. 목소리는 점점 커지고 더 집요하게 내가 부족하다고 말한다. 그리고 머지않아 내가 쌓아 올린 모든 게 무너질 거라고 위협한다. 나를 골칫거리라고 했던 맷 콜러가 정확했다면서.

때로 우리의 뇌는 우리 인생을 180도 뒤집어놓곤 한다. 말도 안 되게.

15년 전 페이스북에서 해고된 날이 평생의 모험이 시작되는 날이라곤 상상도 못 했다. 나는 나를 내쫓은 페이스북이 너무나 고맙다. 그 덕분에 세상으로 나와서 내 방식대로 세상을 탐험할 수 있었다. 이렇게 세상을 탐험하면서 얻은 교훈을 당신과 나누고 당신이 원하는 삶을 살아가는 데 도움이 되어 다행이라고 생각한다.

당신의 의지와 투지는 영원히 시험받을 것이다. 정말로 많은 일을 해내도 의구심은 사라지지 않을 것이다. 죽어가는 아버지는 드물고 극적인 사례처럼 보일 수 있다. 하지만 중요하든 사소하든 모든 순간에 두려움에 당당히 맞서려는 의지가 당신의 삶을 만들어갈 것이다. 그러니 무슨 일이 있더라도 포기하지 말고 계속 걸어가라.

당신은 자기 삶에서 성공이 무엇을 의미하는지, 성공에 대한 정의를 스스로 내려야 한다. 다른 사람은 성공을 무엇이라고 생각하는지 신경 쓸 필요가 없다. 100만 달러짜리 주말은 당신이 살고 싶은 삶을 꾸려나 갈 힘이 될 것이다. 그리고 올해부터 당장 원하는 삶을 꾸려나갈 기회는 52번이나 있다.

자신의 꿈을 실현하느냐 마느냐는 하나의 질문으로 귀결된다. 실패했다고 포기하지 않고 다시 일어서서 도전한 순간이 얼마나 되는가? 기업가정신은 아이디어를 찾아내는 능력과 스스로 찾아낸 아이디어를 실제로 사업으로 만들 용기 그 이상도 이하도 아니다.

실험하고, 실험하고, 실험하라. 성공할 때까지 실패하고, 실패하고, 실패하자. 고민하지 말고 일단 시작하자. 그런데 실패했는가? 그러면 다시 한번 시작하자.

당신을 사랑하는 노아가

추신. 100만 달러짜리 주말을 시작하고자 한다면 noah@MillionDollarWeekend. com으로 연락하라. 기꺼이 당신을 돕겠다. :)

MILLION DOLLAR WEEKEND
GRADUATE

졸업을 축하합니다!

나만의 비즈니스를 시작하고 인생을 바꾸는
48시간 챌린지를 완수한 당신에게

존경을 담아,

노아 케이건

- 내가 고맙다고 말해주고 싶은 첫 번째 사람은 바로 당신이다. 두려움에 당당히 맞서 꿈을 좇고 있는 당신이 나는 너무나 고맙다.

- 탈 라즈에게. 몇 년 동안 당신과 함께 책을 작업할 기회를 꿈꿨다. 내게 그 기회를 줘서 너무나 고맙다. 당신은 나의 얼토당토않은 모험기, 황당한 이론, 말도 안 되는 아이디어, 터무니없는 행동을 내가 생각했던 것보다 더 잘 엮어서 백만 달러짜리 주말을 꿈꾸는 이들에게 도움이 되는 서사를 만들어냈다. 정말 고맙다! 그리고 한증막을 사랑하는 친구로서 함께 땀을 빼주어 고맙다.

- 애덤 길버트에게. 10년도 훨씬 전에 당신과 함께 떠난 자전거 여행에서 나는 사람들을 위해 나의 지식을 한데 엮어서 책으로 만들고

싶다고 생각하게 됐다. 수호천사처럼 언제나 내 곁을 지켜줘서 고맙다.

- 채드 보이다에게. 좋은 파트너가 되어주고 일찍이 이 책에 지지를 보내는 후원자가 되어줘서 고맙다.

- 네빌 메도라에게. 출판을 앞둔 마지막 몇 주 동안 원고를 업데이트하던 나를 살려줘서 고맙다.

- 마리아 페르난다 살세도 부르고스Maria Fernanda Salcedo Burgos 에게. 내가 글을 쓰는 동안 당신다움을 잃지 않고 내 곁에서 나를 보살펴줘서 고맙다.

- 리사 디모나Lisa DiMona 에게. 당신은 내게 어머니와 같은 사람이다. 이 책에 큰 지지를 보내줘서 고맙다.

- 찰리 호엔Charlie Hoehn에게. 글을 쓰는 동안 내게 비장의 무기가 되어주고 언제나 나다움을 잃지 않도록 일깨워줘서 고맙다.

- 토미 딕슨Tommy Dixon 에게. 자신의 믿음에 언제나 진실하고 이 책을 출판하는 나를 지지해줘서 고맙다.

- 니키 폰삭Nicci Poncsak 에게. 이 책을 쓸 때 필요한 자료 조사를 해줘서 고맙다.

- 제러미 메리Jeremy Mary 에게. 내가 편안하게 느끼는 영역에서 벗어나 과감하게 도전할 수 있도록 나를 밀어붙이고, 좋은 콘텐츠를 함께 만들고, 이 책의 각 장에 좋은 제목을 붙일 수 있게 도와줘서 고맙다.

- 미첼 코언Mitchell Cohen 에게. 이 책의 초본을 읽고 피드백을 아낌없

이 해줘서 너무나 고맙다. 그리고 내가 항상 낙관적일 수 있도록 곁에 있어주어 고맙다.

- 이 책을 믿어준 메리, 에이드리언, 스테파니, 메리 케이트 그리고 펭귄 출판사의 모든 팀에 감사의 말을 전한다.

- 데이비드 몰도어 David Moldawer 에게. 이 책의 시발점인 제안서를 함께 작성해줘서 고맙다.

- 샘 파에게. 내게 열정과 영감을 불어넣어줘서 고맙다.

- 아이만 알-압둘라 Ayman Al-Abdullah 에게. 내가 한결같은 태도를 유지하고 항상 기준을 높이 세우고 노력할 수 있게 해줘서 고맙다.

- 일로나 아브라모바 Ilona Abramova 에게. 내가 이 책을 쓸 동안 앱스모를 운영하며 좋은 문장을 쓸 수 있게 도와줘서 고맙다.

- 앱스모의 모두에게 고맙다!

- 우리의 유튜브 편집자 캠 보키예 Cam Boakye 에게. 좋은 콘텐츠를 만들 수 있도록 곁에서 도와주고 그 누구도 주목하지 않는 약자가 무슨 일을 해낼 수 있는지 몸소 보여줘서 고맙다.

- 앱스모에서 필요한 서비스를 구입하는 모든 고객과 언더독들 그리고 내 콘텐츠를 즐겨주는 모든 사람에게 고맙다. 자신의 꿈을 좇는 당신들은 내게 영감을 준다.

- 댄 앤드루스 Dan Andrews 에게. 트로피컬MBA닷컴 tropicalmba.com 의 댄은 나의 자전거 여행 동료이자 사업에 영감을 주는 철학자이며 생각을 나누는 동반자다.

- 팀 페리스에게. 이 책을 세상에 내놓는 데 도움이 된 플랫폼을 제

공해줘서 고맙다.

- 제임스 클리어, 버네사 반 에드워즈Vanessa Van Edwards, 라밋 세티, 댄 마텔Dan Martell, 마크 맨슨Mark Manson, 크리스 길아보Chris Guillebeau, 라이언 모런Ryan Moran에게. 책을 어떻게 쓰고 홍보하는지 조언해준 모두에게 고맙다.

- 이 책의 초고에 댓글을 달아주고 한 팀이 돼서 함께 노력해준 모든 사람에게 고맙다. 내가 누굴 말하는지 본인이 제일 잘 알 것으로 생각한다.

- 피터 말도나도Peter Maldonado에게. 촘프스닷컴chomps.com의 피터는 맛있는 간식을 파는 자신의 회사에서 책을 출간하며 이 책을 쓰는 내게 즉시 응원을 보냈던 첫 번째 사람이다.

- 나의 부모님. 나의 가장 큰 후원자가 되어주고 내게 많은 가르침을 준 부모님께 감사드린다.

- 이 책을 쓰면서 나는 우리가 살면서 만난 수많은 사람이 우리가 성공하길 바란다는 것을 깨달았다. 장담하건대 당신이 성공하길 바라는 사람은 당신이 생각했던 것보다 훨씬 많을 것이다. 나 역시 그들 중 한 명이다!

- 내가 고마움을 전해야 하는데 혹시나 빠뜨려서 서운한 사람이 있을지도 모른다. _____에게 감사의 인사를 전한다.

들어가는 글

1 Noah Kagan, "Growth Marketing Mint.com from Zero to 1 Million
Users," OkDork (blog), February 6, 2017, https://okdork.com/quant-
based-marketing-for-pre-launch-start-ups.

제1장 군말 말고 일단 시작

1 부처가 한 말로 널리 알려져 있으나 그 출처는 분명하지 않다.

2 랄프 왈도 에머슨과 마크 트웨인이 한 말로 널리 알려졌지만 그 출처는
분명하지 않다.

제2장 요구에는 무한한 힘이 있다

1   Kyle MacDonald, "What If You Could Trade a Paperclip for a House?" Kyle MacDonald, TEDxVienna, November 20, 2015, video, 13:22, https://youtu.be/8s3bdVxuFBs.

2   Caroline Bankoff, "How Selling Fax Machines Helped Make Spanx Inventor Sara Blakely a Billionaire," The Vindicated, *New York*, October 31, 2016, https://nymag.com/vindicated/2016/10/how-selling-fax-machines-helped-sara-blakely-invent-spanx.html.

3   Daniel A. Newark, Francis J. Flynn, and Vanessa K. Bohns, "Once Bitten, Twice Shy: The Effect of a Past Refusal on Expectations of Future Compliance," *Social Psychological and Personality Science* 5, no. 2 (2014): 218–225, doi: 10.1177/1948550613490967.

제3장 100만 달러짜리 아이디어 찾기

1   superapple4ever, "Apple's World Wide Developers Conference 1997 with Steve Jobs," YouTube, June 5, 2011, video, 1:11:10 [52:15-52:22], https://www.youtube.com/watch?v=GnO7D5UaDig.

2   Amazon staff, "2016 Letter to Shareholders," About Amazon, April 17, 2017, https://www.aboutamazon.com/news/company-news/2016-letter-to-shareholders.

3   "Leadership Principles," Amazon Jobs, https://www.amazon.jobs/content/en/our-workplace/leadership-principles.

4   Katharine A. Kaplan, "Facemash Creator Survives Ad Board," *The Harvard Crimson*, November 19, 2003, https://www.thecrimson.

com/article/2003/11/19/facemash-creator-survives-ad-board-the/.

5   "Microsoft Fast Facts: 1975," Microsoft News, May 9, 2000, https://news.microsoft.com/2000/05/09/microsoft-fast-facts-1975/.

제4장 1분 사업 모델 수립하기

1   Noah Kagan, "How I Made $1K in 24 Hours—Sumo Jerky," *OkDork* (blog), April 24, 2020, https://okdork.com/make-money-today/.

2   Christie Post, "Meet the New York City Dudes Who Will Wait in Line So You Don't Have To," The Penny Hoarder, August 13, 2020, https://www.thepennyhoarder.com/make-money/start-a-business/same-ole-line-dudes/.

3   "Pricing—Same Ole Line Dudes, LLC," Same Ole Line Dudes, accessed January 18, 2023, http://www.sameolelinedudes.com/pricing.

4   Adam Gabbatt, "'A Five-Day Wait for $5,000': The Man Who Queues for the Uber-Rich," *The Guardian*, May 5, 2022, https://www.theguardian.com/us-news/2022/may/05/a-five-day-wait-for-5000-the-man-who-queues-for-the-uber-rich.

5   Kimberly Zhang, "Codie Sanchez: Builder of an 8-Figure Portfolio Buying 'Boring Businesses,'" Under30CEO, May 26, 2022, https://www.under30ceo.com/codie-sanchez-interview/.

제5장 48시간의 머니 챌린지

1   Megan Garber, "Instagram Was First Called 'Burbn,'" *The Atlantic*,

July 2, 2014, https://www.theatlantic.com/technology/archive/
2014/07/instagram-used-to-be-called-brbn/373815/.

2   Kate Clark, "The Slack Origin Story," TechCrunch, May 30, 2019,
https://techcrunch.com/2019/05/30/the-slack-origin-story/.

제6장 성장을 위한 소셜미디어 활용

1   David Adler and Manny Randhawa, "Tough to Choose: Top Two-
Sport Athletes," MLB, February 1, 2023, https://www.mlb.com/
news/list-of-top-athletes-to-play-2-or-more-sports-c215130098.

2   Seth Godin, "The Smallest Viable Audience," *Seth's Blog* (blog),
May 22, 2022, https://seths.blog/2022/05/the-smallest-viable-
audience/.

3   Kevin Kelly, "1,000 True Fans," *The Technium* (blog), March 4,
2008, https://kk.org/thetechnium/1000-true-fans/.

4   Danny Wang (@dannywangdesign), TikTok, accessed January 18,
2023, https://www.tiktok.com/@dannywangdesign.

5   Noah Kagan, "How to Create an Email Newsletter," *OkDork* (blog),
April 15, 2020, https://okdork.com/how-to-create-an-email-
newsletter/.

6   "How Justin Welsh Built a $1,300,000 Business," Gumroad, November
21, 2021, https://gumroad.gumroad.com/p/how-justin-welsh-
built-a-one-person-1-000-000-business.

7   Ross Barkan, "What Happened to Matt Taibbi?" *New York*, October
29, 2021, https://nymag.com/intelligencer/2021/10/what-happe

ned-to-matt-taibbi.html.

8   Nick Huber (@sweatystartup), "An update on my portfolio of busine- sses and an outline of my 5-10 year goals," Twitter, June 20, 2023, 10:26 a.m., https://twitter.com/sweatystartup/status/16712079 58066212893.

9   Jim Louderback, "Comparing TikTok, Instagram and YouTube Subscriber Value—Plus YouTube's 7 Year Itch and Much More!" LinkedIn, July 27, 2021, https://www.linkedin.com/pulse/comparing- tiktok-instagram-youtube-subscriber-value-jim-louderback/.

10   Matteo Duò, "10 Best Video Hosting Solutions to Consider (Free vs Paid)," Kinsta, September 26, 2023, https://kinsta.com/blog/ video-hosting/.

11   Brian Dean, "How Many People Use YouTube in 2023? [New Data]," Backlink, accessed July 10, 2023, https://backlinko.com/ youtube-users.

12   SunnyV2 (@SunnyV2), YouTube, accessed January 18, 2023, https://www.youtube.com/@SunnyV2.

13   Ali Abdaal, "How Much Money I Make as a YouTuber (2021)," YouTube, December 16, 2021, video, https://www.youtube. com/watch?v=Toz7XEsSH_o.

14   Dustin's Fish Tanks (@Dustinsfishtanks), YouTube, accessed January 18, 2023, https://www.youtube.com/@Dustinsfishtanks.

15   "DustinsFishtanks Profile and History," Datanyze, accessed January 18, 2023, https://www.datanyze.com/companies/dus

tinsfishtanks/397643365.

16   Kylegotcamera (@Kylegotcamera), YouTube, accessed January 18, 2023, https://www.youtube.com/@Kylegotcamera.

17   "All about the Chicken Whisperer," The Chicken Whisperer, accessed January 18, 2023, http://www.chickenwhisperer.com/all-about.html.

18   Matt's Off Road Recovery (@MattsOffRoadRecovery), YouTube, accessed January 18, 2023, https://www.youtube.com/@MattsOffRoadRecovery.

19   LegalEagle (@LegalEagle), YouTube, accessed January 18, 2023, https://www.youtube.com/@LegalEagle.

제7장 홍보는 수익이 목적이다

1   Neville Medhora, "The Ten Thousand Dollar Day," *Copywriting Course Members Area* (blog), February 3, 2015, https://copywritingcourse.com/the-ten-thousand-dollar-day/.

2   Katie Canales, "Startup Founder Says He Lost His Company and $100 Million by Relying on Facebook: 'Sends Chills down My Spine' to Watch Others Build Businesses on Instagram and TikTok," Business Insider, February 25, 2022, https://www.businessinsider.com/facebook-startup-founder-littlethings-joe-speiser-2018-algorithm-change-2022-2.

3   "Email Marketing Statistics and Benchmarks by Industry," Mailchimp, accessed January 18, 2023, https://mailchimp.com/en-ca/resources/

email-marketing-benchmarks/.

4   Jason Wise, "How Many Emails Does the Average Person Receive per Day in 2023?" EarthWeb, last updated May 13, 2023, https://earthweb.com/how-many-emails-does-the-average-person-receive-per-day/.

5   Kayla Voigt, "How YouTuber Nick True Uses Dedicated Lead Magnets and Automations to Grow His Email List to Over 10,000 Subscribers," ConvertKit, March 22, 2022, https://convertkit.com/resources/blog/nick-true-case-study.

6   "The Story behind Love and London," Jessica Dante, accessed January 18, 2023, https://jessicadante.com/love-and-london.

7   Priscilla Tan, "The Best Paid and Free Autoresponder (How to Pick Yours in 15 Minutes)," Sumo, February 10, 2020, https://sumo.com/stories/free-autoresponder.

8   Leo Widrich, February 27, 2011 (10:22 a.m.), comment on Noah Kagan, "Daily Accountability Marketing Metrics," *OkDork* (blog), https://okdork.com/daily-accountability-marketing-metrics/.

9   Iyabo Oyawale, "How to Grow a Startup from $0 to $20 Million in ARR—The Buffer Story," CopyVista, January 11, 2021, https://copyvista.com/the-buffer-story/.

10   Noah Kagan, "The SECRET to Becoming a PRODUCTIVITY MASTER (Never Be Lazy Again)," YouTube, August 12, 2020, video, 9:55 [02:56-04:58], https://www.youtube.com/watch?v=KLgIrxXvb44.

11   James Clear, "Why Trying to Be Perfect Won't Help You Achieve Your Goals (And What Will)," *James Clear* (blog), February 4, 2020, https://jamesclear.com/repetitions. 플로리다 대학교의 제리 율스만 교수는 작가인 데이비드 베일즈와 테드 올랜드에게 이 실험을 설명했다. 두 사람은 함께 쓰고 1933년에 출간한 《예술가여, 무엇이 두려운가!》에서 실험 대상을 사진 기술에서 도예로 바꿨다. 클리어의 기사는 율스만의 실험과 《예술가여, 무엇이 두려운가!》에서 그 실험이 어떻게 활용됐는지를 잘 설명해준다.

12   Seth Godin, *The Dip: A Little Book That Teaches You When to Quit (and When to Stick)* (New York: Portfolio, 2007).

제8장 사업을 키우는 마케팅의 핵심

1   Noah Kagan, "Growth Marketing Mint.com from Zero to 1 Million Users," *OkDork* (blog), February 6, 2017, https://okdork.com/quant-based-marketing-for-pre-launch-start-ups/.

2   Noah Kagan, "How to Create a $4,000 per Month Muse in 5 Days (Plus: How to Get Me as Your Mentor)," *Tim Ferriss* (blog), October 28, 2013, https://tim.blog/2013/10/28/business-mentorship-and-muses/.

제9장 1년에 52개의 기회가 주어진다

1   Marketing Examples, accessed January 19, 2023, https://marketingexamples.com/.

2   "Harry Dry," LinkedIn, accessed January 19, 2023, https://www.

linkedin.com/in/harrydry/.

3   Marketing Examples (@GoodMarketingHQ), Twitter, accessed

January 19, 2023, https://twitter.com/goodmarketinghq.

MILLION DOLLAR WEEKEND